あなたに秘められた

霊能をひらく本

閑純（しずめ じゅん）

ヒカルランド

まえがき　桃原章浩さんについて

知る人ぞ知る霊能者、桃原章浩さんは、これまでずっと、ご自分の名前で書籍を出すことを断り続けていました。

今もその想いは変わらないのだそうです。

しかし、神々からのメッセージをはっきり受けた今回、これまでのご発言やブログで発表された文章については、一度、世の人に問うてみようということになったと伺いました。

そこで、聴き手&書き手として、霊感ほぼゼロの閑（しずめ）純（じゅん）（本名：岸純信）が本書に加わりました。

桃原さんより実年齢は十歳以上も年上ながら、精神的にははるかに幼い僕は、十数年前に初めてお目にかかったその時から、怒られっぱなしです。

「奢（おご）っている」「無知」「感謝の心が足らない」「口が軽い」「思慮が足りない。普通なら気づく」「みな、嫌なことを我慢して働いているんだ」……などなど。

最近特に言われるのは、「同じ過ちを何度も繰り返す」でした。

確かに、自分のこれまでを考えてみると、桃原さんに言われる通りなのでした。

特に、感謝の念が足らない、なぜ気づかないのか？　と叱られると、そのたびに、本当だ、なぜ気づかないのだろう？　なぜ同じミスを繰り返すのか？　と情けなくなり、塞（ふさ）いでしまいます。

「ひと晩寝たらころりと忘れる！」「普通の人は学ぶ！」と言われて、「自分は普通じゃないんで！」などと拗（す）ねることもある始末。

我ながら呆れており、反省を繰り返していました。それで、心の中でいつしか、年下の桃原さんのことを「桃原先輩」と呼ぶようになりました。

でも、そんな日々のなか、桃原先輩が伝えてくれたことがありました。

それは、

「すぐ罰を受ける人はまだ幸せ。神仏に嫌われている人は、雪だるま式に増えた罪が最後にドカーンと返ってきて、全てを失う」

というもの。

ならば、厳しく注意され続ける今の自分は、ひょっとしたら、オメデタイ奴ながら、それなりに幸せなのかもしれません……でも、こうやって書いてしまうと、また失敗しそうです。

と言いますのも、僕自身、ちょっとでも気が緩むと、魔が差すと、大変なことになると思い知らされたばかりだからです。

詳しくは本書、**第十一夜**をご覧ください。

桃原先輩の許可を得て、このまえがきを書く一日前に起こった自分の実体験をその通り書かせて頂きました。

嘘のような本当の話をお伝えしています。

ちなみに、霊能、霊が視える、霊の言葉が聴こえるといった現象については、気配を感じるだけの人もいれば、もっと鮮明に知覚する人もいるそうです。

桃原さん自身の発言をお借りすると、「例えば、霊が黒い塊に見える人もいますが、自分の場合は、『霊がカラーで視えて、声や音も聞こえますし、話（テレパシー）で話すこともできます』とのことでした。また、個人の将来図を語る際の先輩は、「自分には人の現状や未来が、16分割の画面のように視えてきます。なので、様々な可能性があり、中には危うい将来もあると分かる。そこを判断しながら伝えます」とのことでした。

皆さまの予備知識になればと思います。

有名大学の法学部を卒業後も、ずっと法律の勉強をしておられる桃原さんは、常に、物事を理性的に、科学的に観ようとされる方です。

でも、その類い稀なる霊能力のせいで、「世の中には、科学で解明できないこともある」と、早い段階でご自身でも認めざるを得なくなりました。

いつお目にかかっても、快活な態度と明るい声、ポジティブな発言を保たれる桃原さんは、「霊能者」に対する僕自身の勝手なイメージをあっさり覆し、かつ、あらゆるジャンルのプロフェッショナルと同じく、最も普通に見える人ほど、最も大きな力を持つ人だ、と気付かせてくれた方でもあります。

最後になりましたが、桃原章浩さんに、改めて、心からの感謝を捧げたいと思います。

本書に関わらせて頂き、本当に有難うございます。

目次

第三夜

先祖の霊に代表される「縁の深い魂」と一般的な「悪い霊」――

第十夜

霊能者桃原さんに次から次へと訊ねてみた――　253

第十一夜

神さまからのメッセージを凡人が直接受け取るとき

カバーデザイン・本文イラスト　浅田恵理子
本文仮名書体　文麗仮名（キャップス）

今、生きるのがしんどいとき～ある霊能者（桃原章浩）からの言葉

コロナの前後で、皆さんの生活はあまり変わっていないように見えます。

しかし、霊能者の私から視させていただくと、大きく変わったことがわかります。

コロナで接触禁止がありましたね。

その結果、仕事や人付き合いで、嫌でもインターネットやコンピューターに触れることが増えましたね。

霊能者の私から視ると、皆さんがイビツになっている感じがしています。

生の人の言葉より、画面の向こうの、誰だかわからない人は直ぐに信用してしまいがち。

リアルな社会よりも、バーチャルな世界への逃避がうっすらと視えます。

中学生、高校生の読む漫画が、「転生したら〇〇でした」というタイトルが増えたと思います。

人間は、言葉や雰囲気で社会をつくり、社会の中で生きています。

コンピューターの電源をオフにしたからといって、社会は消えません。

コロナで、人との付き合い方が変わって戸惑っている方々、対人関係に不安を抱いている方々、そんな皆さんに、少しでも「心配しなくても、大丈夫！ 安心してください」との気持ちを込めて、霊能者の視点からお話しさせてもらいました。

霊能者だからこそ、皆さんが気づいていない、皆さん自身の素晴らしさを視て話すことが出来ると思います。

さあ、携帯やパソコンの立ち上げ！ ではなく、次のページを開いてくださいね。

序　夜

小さなことほど、
この機に知らせたい

霊の通り道——風水とトイレの神様

この前、半年ぶりに、桃原先輩がうちに来てくれました。アパート一階の狭い部屋ですが、部屋にあがっていきなり、先輩からダメ出しを喰らってしまいました。

「外にたくさん置いてある植木鉢、あれ、霊の通り道を塞いでいる。だから、玄関先に何体も霊が居た。そのうちに家に入られたり、憑いて来られたりしかねない。猫が通って糞をするのが嫌なんだろうけれど、あそこは少し空けた方がいい」

図星で蒼くなりました。言われた通りです。

猫の糞を見つけると一日中気分が悪いので、玄関先の空間を鉢やプランターで埋め尽くしていました。

「真ん中にスペース作るんで良いですか？」

「そうですね。ちょっとした蛇行状のスペースを確保したらいいよ。そうすると霊が通ってそのまま抜けて行く」

「そういうものなんですか？」

「そうだよ。道を塞ぐとそこに溜まる。空気の通りも悪くなる。特に、道がどんどん細くなると霊はそこから動けない。そもそも霊は後ずさりしないんだ」

「えっ？　そう？」

「そう。昔、質問したことがあるんだよ。そうしたらこう言われた。『なんで下がる必要あるんだ？』ってね」

　ここで先輩は苦笑いしました。

「取り憑くっていうでしょう？　霊は常にこっちに向かってくる。お化け番組でも、必ず向こうから寄ってくる　でも、基本的に汚いものを嫌うから、猫の糞があったりするとこちらには来ない。そういえば、閑さん、前に、近所の子供が入り込んできてうるさいって言ったよな？　最近どう？」

「いや、割と静かになりました」

「そうか。子供の声は生命力の象徴だから、霊は嫌がる。霊は元気な者には弱い。だから、近所の子たちが数名、賑やかに遊んでいるぐらいがちょうど良い」

　そうなんだ。ちょっと子供に優しくなれるかもしれない。

　さて、話が済んで先輩が帰る間際、「済みません。トイレ借ります！」と元気な声で駆けて行かれ、そのあと玄関先で見送り、出した湯呑やお菓子の皿を洗って片付けました。

それから、自分も小用がしたくなりトイレに向かうと……

便器の蓋も便座も上げてありました。それを見て、

「ああ……」

と思わずため息。

以前、先輩とこんな会話をしたことがあるんです。

「便所に神様はいるんですか？」


「います！」

「どんな神様なんですか？」

「何年か前に流行った歌の歌詞とほぼ同じ。うちのお祖母ちゃんも、トイレには
とても美人の女神さまがいるんだよとよく言ってたよ」

何でも、その女神さまは、便器の中から現れるのだそう。

「和式便器があぁいう形をしていてオープンなのも、それが理由です。便器の蓋が閉まっていると、神様も出るに出られない。そこが風水の考え方と霊的世界の違うポイントの一つです」

そうなのか……トイレの蓋は閉めるものとばかり思っていたけれどなあ。

そこでふと、女神さまに名前はあるんですかと訊ねてみました。

先輩はさらっと、答えてくれました。

「シタテルヒメ」——これがその美人の女神さまの名前なのだそうです。

その話を聴いてから随分経ちましたが、いまだに、何となく便器の蓋は閉めてしまうのです。コロナ禍のときにもそういう指導がありました。

でも、先輩がせっかく教えてくれたことなのだから、素直に従わなくては。

これからは、自分の家では、その通りにしよう。蓋を開けて、綺麗に掃除して。

★風水の考えと霊的世界からのアドバイスは異なる場合もある。
どちらを選ぶかはあなた次第です。

ゴミ屋敷とは

「霊が汚いものを嫌うのは分かったんですが、でも、例えばゴミ屋敷のような家には、変な霊が集まってそうですね」

数日後、ある会合の帰りがけで先輩と一緒になり、そういう話をしたくなりました。

すると先輩はひと言。

「付喪霊」

え？

「ツクモ・レイ。九十九霊とも書くし、神の字をつけて付喪神、九十九神と書くこともあるんだけれど、それに憑かれてしまうとゴミを集めるようになるんだよ。するると、その汚いところが霊のテリトリーになる。

だから、他人が強制的にゴミを捨てても、霊の憑いた住人がそれをまた持って帰ってきたりする。それは、付喪神としては、ゴミを捨てられたら自分のテリトリーが減るわけだから絶対にそれはさせたくないという話なんだよね……もともと、自分の持ち物に良い霊が憑いていたとしても、それがゴミになると、その段階で悪い霊に変わってしまうこともある。ゴミが大量に集まるとそういう悪い霊も大量に集まってしまう」

猫の糞でも大量に落ちていたら悪い霊が憑きそうだけれど、一個、二個ならそういうことはないのだそうです。でも、

「付喪霊が憑いた人は、ゴミという『物の死骸』を集めたくなる。さっき言ったように、ゴミが悪い霊のテリトリーになるからね。要は、そこは死者の世界ということかな」

そうなのか。となると、ゴミ屋敷の問題は解決し辛いな。役所の人が熱心に説得して、屋敷の主がその場では一瞬理解できたとしても、そのあとやはり九十九霊に引っ張られてしまうのかもしれません。

世間的にも、壊れた家電製品などは早く処分すべきだというアドバイスが多いですね。場所も取るし。ただ、僕の場合は、デザインが好きな食器だけは、ちょっと欠けてもなかなか捨てられません。

安いお碗でも、時間とお金をかけて金継ぎをする人に共感大なのです。

それについてもいつか、先輩に尋ねてみたいものです。

★ゴミとは、「物の死骸」である。

素人でも感じる霊現象

僕はかつて、2回だけ、「不思議な世界の声」を聴いたことがあります。

それは2回とも同じ場所――会社の独身寮の自分の部屋でした。

明け方、外が明るくなり、室内にも光が差してきたぐらいの時間帯、目覚めると、部屋の隅に黒い雲がいきなり湧き起こり、映画館の中で聴くぐらいの大音響で、「ガッハッハ！」と禍々(まがまが)しい笑い声が響き渡ったことがあるのです。それは、普通の人間の声の10倍ぐらいの大きさで響き渡る大音声(おんじょう)でした。

それで、はっとなって目が覚めた。目覚めたつもりでその大音声を聴いていたので、それが夢と現世の境目の次元なのかなと思ったのです。

そして、同じような大音量を聴いたことがもう1回。

親しくしていた伯母が亡くなったのに葬式に行けなかったことがあり、ずっと悔やんでいたら、お盆の時期に伯母が夢に出てきて、笑いながら「もう、いいから」と言ってくれたので、自分もほっとしたのです。

でもその途端に夢から覚めたので、叔母さんに申し訳なかったなと思い、寝床で一巻、般若心経を唱えました。すると、唱え終わったその途端のことです。

「フーーーーっ」

とものすごく大きな音量で女性のため息が響き渡りました。

それはまさしく、特徴的な伯母のため息でした。よくそうやってため息をついていた人でした。でも、その音量は、普通のため息を録音しておいて、それを10倍の音量でスピーカーから流したかのような、でかいものだったのです。

この2回しか、いままで、「不思議な声」を聴いたことがありません。

どちらも、そんなに気味悪いものではありませんでした。最初の悪魔の笑い声のようなものの時も、部屋の片隅に黒雲が湧くなど、あまりに漫画チックで可笑しくなったぐらいでした。

なお、その寮に住んでいた時は、ほぼ毎晩金縛りにあっていました。それはさすがに気持ち悪く、唯一知っているお経の般若心経を唱えながら体を動かして金縛りを解いていたのですが、地方転勤を命じられて引っ越した途端、金縛りは一切なくなりました。

しかし、その数年後、本社勤務になり、また戻ってきたときに、しばらく独身寮に居ました。そうしたら、再入寮したその晩からまた金縛りです。

それで、以前、こういった思い出話を先輩に詳しく訊ねてみました。

「それは、関さんと土地の問題。関さんにちょっとだけ霊感があり、その土地にもちょっとだけ霊的なパワーがあったから」

ちなみに、僕の霊感の「量」は、先輩を100とすると、0・5ぐらい。寮があったその土地も、普通の土地に比べて0・5％ぐらい上回るだけだそうなのです。

「でも、人間世界の算数だと0・5％プラス0・5％で1％になるだけだけれど、霊の世界の場合は、それが10％ぐらいに跳ね上がる。それでそういう奇妙な現象が起きやすくなったんだ」

と言われました。

★「不思議な現象」を感じる場合、その土地のパワーも多少は影響する。

素人でも感じる霊現象　その2

この独身寮の話を最近思い出したので、改めて桃原先輩に尋ねてみました。

そのあと何度も引っ越ししましたが、ある時、アパートの部屋の中で、霊現象としか思えないものが起きたのです。

それは、寒い冬のこと。ストーブを付けて椅子に座り本を読んでいたら、目の前の書棚に並んでいる中で、ある本が1冊、数センチの高さで上昇下降を繰り返していたのです。

つまりは、1冊だけ「飛び跳ねているように見える本」があったのでした。あまりにびっくりして何度も目をそらし、目を凝らすことを繰り返しましたが、相変わらず上下に動いています。そこで思わず、椅子から立ち上がってその本を手に取りました。

それからしばらくして、先輩が家に訪ねてきてくれたときに、真っ先にその話をさせてもらいました。すると先輩曰く、

「本の著者が呼びかけた。もっと自分のことを知ってくれと言っていた」

のだそう。著者って言っても、200年以上前に亡くなっている外国人ですが、そこまでアピールされたのなら、覚えておかなくては。

「その著者の人の一代記を頭の中で描けるぐらいに、いろんな作品に触れたらいいと思うよ」

そんな風にも言われました。

そこで先輩に改めて聞いてみました。

「今まで、そんなことは一度切りです。よほど、その昔の著者の人が何か伝えたかったのでしょうか？」

先輩はさらっとこんな風に言ってくれました。

「本が上下に動いたその日は、関さんがある大きな神社に参拝した日ですよ。そこで力をもらってきたから、そういう、昔の魂の呼びかけに気付きやすくなったわけ。もちろん、魂のパワーも大きかったんだけれど」

そうなのか。教えて下さって有難うございます。

「ちなみに、今の関さんのパワーは、僕が持っている力の10％ぐらいにまで上がっている」

そうなんですか？？？？

「そう。そういう人にはチャンスも多くなるし試練も多くなる。簡単に言うなら、神様に好かれている人、だよ。普通の人なら人生の勝負は2回か3回ぐらいだけれど、好かれていると勝負時が何度も何度も来る。その勝負時が欲しくて先祖供養を何度もする人がいるわけだ」

神様に好かれている人……自分としては好かれている気は全然しない（笑）。

「神に好かれているかどうかを見分けるのは実に簡単です。過ちを犯したときにすぐ罰になって返ってくれば、神に好かれている人。神さまに嫌われていたら、過ちが雪だるま式に増えて、最後の最後にドカーンと罰を喰らってそれで終わりになる。だから人間は勘違いしやすい。いつまで経っても罰がやってこないから、自分はこれで良いんだと思い続け、突然、破滅に至る。よく覚えておいて欲しいな」

心に刻みます。結構恐ろしい話でした。

★神に嫌われていればいるほど、天罰はなかなかやってこない。

地鎮祭と地脈——神さまに降りてきてもらう

「憲法の判断で、地鎮祭をやるやらないで揉めたりしますね」

以前、こんな話もさせてもらいました。

「そうだね。法律上の解釈はまた別として、建築の現場を時々見させてもらうけれど、地鎮祭をやらない工事現場だと、大工さんも左官屋さんも怖がって、絶対にそこで仕事したくないって拒否するね。地鎮祭は地脈を繋（つな）ぐためにやるんだから」

地脈？　それって具体的にどんなものなんですか？

「地面を流れている気とか、まあ、電気的なもの。地脈を強くする仕事を担当するのは陰陽道。地脈が切れている場所は繁栄しないから住むにはお勧めしないです。僕は陰陽道もやるけれど、地脈とか、まあ、霊は基本的に電気なんで、神社の力が弱いところには、わざと大きな池を作るんだよね」

　そういえば、埼玉県さいたま市大宮区の氷川神社さんの池もでかいですね？

「そう！　あそこは、奥にある蛇の池が昔は禁足地だったけれど、あれだけでは狭いからその手前に大きな池を作ったわけです。土地の力を強くするために。あと、神様が降りてきやすくするために大きな岩、つまりは磐座（いわくら）を置く。石灯籠も数が多いと神様が降りてきやすい。石灯籠は磐座の変形と思ってください」

　ここで、桃原先輩は、こんなことも言いました。

「神社によっては、洪水があったりで、ご神体の本当の場所と、今のお社の場所がずれている場合がある。参拝客は社を拝むけれど、そこのご神体は後ろの山であったり、横に流れている川であったりするわけだから、そこは勘違いしないほうが良い」

なるほど。一緒に神社に行かせてもらうことがたまにありますが、僕があまりにも下を向いてお祈りしているのを観ると、先輩は時々、

「神さまに降りてきてもらうイメージで。地面から湧いてくるのではないから。上の方に意識を集めて」

と言われます。

また、こんなことも注意されました。

「お賽銭（さいせん）箱にお賽銭を投げ込まないように。目上の人にものを渡すときに投げつけるか？　静かに入れればよいだけのこと。あと、お賽銭を入れたら、真正面ではなく、端っこの方に寄ってお祈りしても全く問題ない。真正面でずっとお祈り

し続ける人は我が強いというか、独占欲の塊みたいに見られてしまう。簡単に言うと、それは欲深い行いだから、お願いも却って叶わないです。神の前では真ん中であろうが端っこであろうが平等だから。降りてきて頂くことだけを考えて祈ってください」

分かりました！　お賽銭は丁寧に入れさせてもらいます。

最近、こういった話をしている時に、改めて地脈の話題をさせてもらったことがありました。あるとき、桃原先輩が珍しく約束の時間を勘違いして、うちの最寄り駅に2時間早く着いたことがあったのです。その時、先輩はあちこち散歩してから僕のアパートに来られました。

「あの駅前、電車の高架と高速道路で結界が二重になっている感じだね。駅の北側のエリアは地脈が切れていた。南側は繋がっていた。だから、南側の方が栄えているね」

そうなんですか。住んでいる自分は全く気付きませんでした。

「地脈を繋ぐというのは、簡単なことではないけれど、頼まれたらそういう仕事もやらせてもらうことはあるよ。前にも言ったように、陰陽道の仕事なんだ」

★お賽銭は投げない。目上の存在に物を渡すときに投げつけないのと同じこと。

吸い取りの人

先輩から、たまに、立て続けに何度もメールをもらうことがあります。

今まで一番驚いたのは、隣の県で開かれる婚活パーティーに出かけるべく電車に乗っていたときのことです。

先輩から突然メールをもらったと思ったら、あるテーマについて、次から次へとメールをもらうので、返事をする暇もないぐらいでした。それでとうとう、「直にお目にかかった方がよいですか？」と連絡したら、そうしようと言われたのでした。

それで婚活パーティーはドタキャンする形になり、急いで帰りの電車に乗りました。

「ひょっとして、今日のこのメール連続攻撃（笑）は、僕に何かの忠告を頂いたということですか？」

1時間後、僕のアパートに現れた先輩を前に、開口一番そう訊ねてみました。

すると先輩はにやにや笑いながら、

「吸い取りの人と出会うのを止めさせたいと思ったんだよ。急にそういうメッセージが降りてきた。でも、『止めろ』というと、閑さんに選択の余地を与えないことになってしまう。だから、そういう風にはメールでは言えなかった」

吸い取りの人。

その言葉を聞いて、以前から何度も説明してもらったことを思い出しました。

人間には、時々、相手のパワーを吸い取って生きている人がいる。

ある著名人の場合は、若いお弟子のパワーを吸い取ることで、自分が現役のままで居られる。また、無意識にでも相手の力をもらい続ける人はいる。力を与えた人は仕事が振るわなくなる。俳優のOさんが離婚した途端にドラマに大復活して出続けているのが一番分かりやすい例だよね。歌手のFさんも、結婚した相手の人が吸い取り系だから、仕事の現場では目立たなくなってきた。

「でも、幸せな家庭を築けるのならば、それでも良いんだろうとは思うね」

確かにそうかもしれません。それも、その人なりの選択なのでしょう。

「言葉に品がないけれど、いわゆる、あげまん、さげまんと呼ばれるケースがそれにあたるよ。相手にパワーを与える人と、相手のパワーを吸い取る人と……」

永遠のアイドルのMさんのことをいきなり思い出しました。

このテーマに関して、先輩の思い出話をもう一つ。

ある有名人が入院した際、先輩の知り合いの若い娘さんが、「お見舞いに行きます」と言ったので、先輩は止めたそうです。

「吸い取りのパワーが半端ない人のお見舞いに行くと、本当に吸い取られて、自分が危うくなるよ」

でも、その娘さんは、その忠告を聞いても「大丈夫ですよ。私は！」とあっけらかんとしていたそうです。それで見舞いに行ってから暫くして……有名人は無事に退院。その直後、その若い女性は夜中に轢き逃げに遭ってしまったのだそう。

先輩は「忠告したのに」と、今もとても残念がっておられました。

病人の回復と、善意で見舞いに行った人の交通事故に、どのような因果関係があるのか、素人には説明も出来ません。

ただ、先輩のあの残念がり方を思い出すと、善意から生じた行いでも、自分を危うくすることもあるんだと、勉強になりました。

★「相手の力を吸い取って生きる」人が世の中には居ることに注意せよ。

ブランドものの価値と中古品

僕はブランドものを全然持っていないので、その価値についても全く分からず、知らないことだらけです。

でも、ブランド名だけは、世間がよく口にするから覚えてはいます。

先輩とその話をしたときに、即答されました。

「高級ブランドの品を手に持つと、中には、作った職人さんの思いがずしりと伝わるものがある。それが本物の高級ブランド。逆に、値段が高くても、手に取った時に何も感じないものも多い。職人さんが心を込めて作るブランド品は、そもそも、量産できない」

革製品で名高いあるブランドや、フランス革命前からの歴史を誇る宝飾品のブランドの品は、「持てばずしりと思いが伝わる」ものの代表格だそうです。

「ブランド品だから高いということで、中古品で買う人もいますよね」

そういう質問をさせてもらった時、先輩は結構な熱量で喋ってくれました。

「中古品には、前の持ち主の念が籠（こも）ったままになっていることがあるから、そういうのに自分が影響されないとも限らない。だから、お勧めできないケースもあります。それは書籍でも、高額品だけでなく、ペン一本でもそう。道端に普通のボールペンが落ちていたとして、拾ったら自分で使ってみることもあるとは思うけれど、安いボールペンでも、前の持ち主の思いが残ったままになっている場合がある。そういう品の場合は、重要な場面で使ってはいけない。せいぜい、メモ書きに使うぐらいかな。あんまり拾わないほうがいいよ」

そういえば、道に落ちている10円玉や1円玉を僕が拾ったとき、先輩は、さりげなく、「すぐお賽銭にした方がよいね。そういう意味もあって拾わされているのだから」とも言われました。額の大小に関係なく、小銭でも、ずっと持っておかないほうが良いのかもしれません。

「中古品で言うと、書籍もそうだよ。研究者の人なんか、昔の本でも買わざるを得ないだろうけれど、そういう人の書斎は、前の持ち主の念で溢（あふ）れ返っていることも多い。すると、今の持ち主のご当人はとても疲弊する。自分じゃ気付かないかもしれないけれどね」

★ゴミを拾ってゴミ箱に捨てるのは良しとしても、落ちている物品を拾って自分のものにするのは、モノによっては要注意。

色情霊と自然霊

お恥ずかしい話ですが……以前、就寝中に、誰かが股間を触ってきたことがありました。男の独り住まいで、誰も他にはいません。触られた感触は明らかに柔らかい女性の手でした。びっくりしました。

後日、先輩に会ったときにその話をしてみると……

「君のアパートから最寄り駅まで行くのに、いろんなルートがあるけれど、この前たまたま一緒に歩いた、細い細い路地のところ、ああいうところには色情霊が居ることが多い。歩くなら、陽の光が差すような、幅の広い道路を選ぶべきだ。薄暗い細い路地には、そういう霊が居たりする。これからは気を付けてください」

申し訳ありません。反省します！

「普段、気を付けていても、たまに、そういうところを通りたくなるときがあるかもしれないが、それは、色情霊が手招きしているんだと思うぐらいでちょうどよい」

はい、わかりました。気を付けます。

別の日の話です。家の近所の図書館に行くとき、なぜか、今まで通ったことのない道を通りたくなり、それほど狭い道でもなかったので、そのままその道を進むと、突然、行き止まりになり、その向こうに小さな祠（ほこら）というか社がありました。なんとなく、お参りするのはやめた方が良いように思い、黙礼だけしてその道を戻り、改めて図書館に向かいました。

「それは呼ばれたんだよ。閑さんにパワーがついてきたことに気付いたその社が、それを吸い取りたくて呼んだんだ。黙礼だけして戻って正解。二度とその道は通らないように」

先輩のアドバイスをそのまま書かせてもらいました。

実は、そのお社は、自然霊を祀っているところでした。全国的に有名な「自然霊系統の神社」の末社でした。

「自然霊は、自然の霊だから人情のようなものは理解しない。自然霊のお社に、例えば『新幹線が混んでいるのですが自由席に座れますように』といった類いの、人間からしたらちょっとしたお願いをしたとしても、そこの神様がどのような対価を要求してくるかは全く分からない。

『よし、その願いは叶えよう。その代わりお前の腕一本か脚一本をもらおう』という対価になることもあるんだ。人の感覚からしたら、座席一つと腕や脚は交換の対象にならないけれど、そんなことは全く意に介さないのが自然霊。自然霊のお社には自分は呼ばれない」

先輩がじっくりと語って聞かせてくれたことでした。

どういう寺社に参るのか、それもその人の選択だとは思いますが、この話を聴いてから、僕自身も自然霊のお社には参拝しないようになりました。

でも、最近は特に、いつもと違う道を通ると、目の前に突如、そこの系統のお社が現れることが多くなります。そういうときは、結構びくびくもしますが（笑）、一度黙礼して通り過ぎるだけ。願い事は絶対にしないし、お賽銭もあげることはないのです。

★自然霊が求めてくる対価は、人間には予想もつかない大きなものになることが多い。

自然霊が求めてくる対価は
とてつもなく大きいことがある

第一夜

基本的なことは早めに知らせたい

結婚、恋愛、友情などの繋がりについて

桃原先輩に相談を申し込んで来られる方の中でとりわけ多いのが、結婚に関わる内容だそうです。先輩の基本回答はこんなところです（ご自身のブログより引用させてもらいました）。


「結婚のカウンセリングをよく受けます。『この人と結婚してよいのでしょうか？』とまず問われます。確かに、結婚には失敗したくないものです。

基本的に、お二人の守護霊同士が仲が悪い場合だと、結婚しても上手くいかないかもしれません。

私の両親の場合ですが、遠距離恋愛を10年続けてから結婚しました。この当時、

父親は身体障害者であり、そのことで風当たりも強かったと思います。一方の母親はお金持ちの娘でして、若い頃は美人と評判で、お見合い話もわんさかと来ていたようです。

そこで二人を、いろんな占いの方法で視てみると、相性としては最低のカップルです。例えば、四柱推命でも全く合わないのです。確かに、二人は喧嘩をよくしていました。

しかし、父親が入院すると、毎日病院に母親が通うなど、非常に献身的でした。この事実は、占いの結果からみれば考えが及ばないことです。

ですので、私は、悪い占いの結果がでたとしても、結婚なさるのがいいと思います。魂の経験となるのですから。たとえ離婚しても、長い人生からみれば、それもまた魂の研鑽（けんさん）です。恐れずに前向きに考えましょう」

先輩曰く、人生は魂を磨くものだから、いろんな経験を積まないよりは積んだ方が遥かに良いとのことです。

そこで僕は、別の角度から訊ねてみました。

「夫婦でも、友達関係でも、ある日を境に別離へと向かうことがあると思います。それはどんなタイミングなんでしょうか？」

するると、先輩はひと言。

「仲良しの二人が居て、片方の魂が磨かれて、もう片方の魂が以前と変わらないのなら、二人の立ち位置にずれが生じるから、そりゃ上手く行かないね。意見が合わないいんだもの」

そして、こんな風に言葉を続けられました。

「例えば、友達関係でも、精神年齢が発達すると友達ではいられなくなる場合も多い。カウンセリングする時には、小学校の友達と中学校の友達は違って当たり前、高校や大学もそう。社会人になってからは猶更（なおさら）そう。辛い経験をたくさんして魂を磨いた人は、変化の少ない友人とは、もう付き合えなくなります。夫婦でもそうですよ。片方が精神的にどんどん成長して、もう片方が成長せず止まっていたら、そりゃ意見は合わなくなるでしょう。関係にひびが入りますね」

そこで、話題はまた結婚話に戻ったのです。

「よく、『出会いがない』『パートナーが欲しい』『結婚したい』と相談されます。その場合、縁(えにし)を得る近道として私が単純に思い浮かべるのは、『自分の周りの人に幸せになって欲しいなぁ』と思い、行動することです。

ひとによって置かれている立場が違いますから、アドバイスを受けることも大切だと思います。例えば、自分が幸せになりたい！　イコール、相手の幸せを無視する、ゆえに一方的な考えになる、といった方も多いのではないでしょうか」

そこで先輩の殺し文句です。

「周りが幸せになると、幸せのお裾分けを貰えますよ」

なるほど。確かに、人の幸せを妬むよりも素直に喜べる人の方が、魅力的だと思います。

僕の周りでも、同級生が結婚してみな集まったのに、一人だけ来なかった奴がいて、そいつ曰く、「あいつが自分より先に結婚するのが許せない」とのことでした。

そんなことを言っても、しょうがないじゃないかとは思いますね。

再び、桃原先輩曰く、

「周りを無理矢理変えようとするより、自分の見方を少し変えてみる。その方がたやすいでしょう。幸せっていうものは、意外と身近に転がっているものです。

私にとっても、皆さんが幸せになれるお手伝いを出来ることは、自分自身の幸せでもあります。まずはご相談に寄り添って考える。苦しさや無力さを感じながらも……そうやって、皆さんも少しずつ進んで行けば、きっと、幸せが沢山転がっていることに気がつきますよ」

★周囲の幸せを喜べる方が、自分も幸せになれる。

人の幸せを喜んで自分も幸せに！

仕事仲間の縁

職場で相性の悪い人がいても、学校でも隣近所でもそういうことはあるから、ある意味、避けがたく、しょうがないことかもしれません。

でも、毎日嫌な思いをしていると、鬱々としてしまいます。どうすればよいでしょうか？

先輩の言葉です。

「開かれた未来を、自分の望んだものにする方法は単純です。自分の潜在意識を利用すればいいだけ。『波長の法則』『引き寄せの法則』とはそういうこと。ビジネス書の考えも同じです。何かを机に張ったり、心に願うことで、自分が変わっていきます。紙に書こうが、机に張ろうが、心の中で思い続けようが、そんなことは特に関係ありません。この場合は、あくまでも『本気』で願うことです。そうすると、どうなるでしょうか？　願いが潜在意識に潜り込み、四六時中作動します」

この考え方の延長線上で、職場関係の悩みについて、僕からいろいろ伺ってみました。

「例えば、職場の全員から『嫌われている』方がいるとします。その場合、その方に周囲の人がみな、『あれ、顔色悪いね、大丈夫？』と声をかけ続けたとしたら、本人は、『自分は体調が悪いのか？』と思い込むわけです。つまりは、周囲が結託する形で、こうやって、本人の意識を乗っ取ってしまったなら、これは『マインド・ハック』と呼ぶ行為になります。潜在意識をハッキングして、書き換えるのです」

なかなかに怖い話だと思いませんか？

そんなことされたと気づいたら、立ち直れないかもしれないな……

先輩は苦笑い。そしてこんな風に解決策を示してくれました。

「そのようなマインド・ハックに当たる行為を仕掛けられた場合、その対処法としては、次の2つです。

その1：そこまで嫌われたというご自身の日ごろの態度を改めること
その2：仕事と関係の無い場所を持ち、違う種類の人々と接していれば、マインド・ハックも解かれると思います」

確かに、学校のクラブのように、全然別の活動場所を持てれば、確かに、そこで考え方も変わりますね。そんな風にお話をしていましたが、先輩がいきなり険しい顔つきになり、こうひと言。

「でも、ご自身の態度をまったく変えないのであれば、違う職場に異動しても同じことが起こるでしょうね。そして、前の職場での仕打ちがトラウマとなり、そのことで、周囲の対応により敏感に反応してしまい、『被害妄想』を抱きやすくなると思います。それもまた困ったことです。自分で蒔いた種は自分で刈るしかない……因果応報とでもいいましょうか」

因果応報——なかなかキツイ響きです。

僕がいろいろ複雑な表情をしたからでしょうか？　先輩の口調がちょっと優しくなりました。

「因果応報という言葉には悪いイメージを持たれがちだけれど、そうではないですよ。要は、良い種を蒔いたら、良い実りで刈り入れが出来る。つまり、良いものがやってくるわけだ。なのに、みんな、時期にこだわりすぎですよ。花の種を今日蒔いても、明日いきなり咲かないでしょう？　何でも、すぐに！　というのは横着かな、と思うんだよね。自分の良い未来のためには、良い種を蒔くことが大事。つまり、願うだけでなく、行動も必要だということ」

なるほど。薬だって徐々に効くものが多いしなあ。

ところで、職場では、一対一のパワーハラスメントで悩む人も多いですね。

「確かに、仕事先で上司が部下に八つ当たりしているのを見るのは、それは嫌な気分になるものだよね。率直なところ、『この上司、大丈夫かな？』と疑問にも思います。八つ当たりは人間性を疑われるし、部下には嫌われるし、何も良いことがありません」。

そこで先輩の声が一段と大きくなる。

「大体、上司なら堪えるのも大切な態度だよ。すぐに怒りだすような気分屋に、人はついていけないね」

確かに。返す言葉もありません。僕も結構怒りっぽい。先輩によく怒られます。

「ほら、また逆切れだ！」

ところで、職場で覿面(てきめん)に相性の悪い人は、前世でも何かの繋がりがあったりするんでしょうか？

「そういう場合が多い」

即答されました。そこで質問です。

「〇〇課の××さんという少し下の世代と、僕は全く気が合わないんです。この前は、ちょっとした意見の違いでしたが、『自分の方が感性は上だから』なんて捨て台詞を吐かれてしまいました！」

先輩、ひとしきり笑う。そしてひと言。

「その××さんと閑さんとは、前世でよく論争をやっていた。宗派の違うお坊さん同士の問答みたいな。だから、意見は絶対に合わないよ。教義が違うんだから。あまり関わる必要もない。なにせ、向こうは前世で負けているから、今世では余計に勝ちたくてしょうがないんだ。喧嘩を売られても買うな」

なるほど。逃げるが勝ち、ですね。

ここで先輩が思い出話をしてくれました。

「霊界からのメッセージは、さまざまな形をとって伝わってきます。電車の中のつり革広告や、他人の会話、夢の中など。ご当人の守護霊や家系霊がご本人のことを心から想うがゆえに、早く気づけ！　とばかりにメッセージを送ってくるのです。ある一つの話題ばかりが目についたり、耳に入ってきたり、毎晩同じ夢を見たり、と」

霊と対話できる先輩は、そういうご相談者の方の前だと、まずは、霊から聞いたことをその通り伝えるそうです。

「先日、ある男性が私のもとへカウンセリングに来たんだよ。霊視すると、他人には人一倍厳しく、職場では弱い立場の部下にパワハラをして、ストレス発散している姿が見えたなあ。ご当人の守護霊さんからは、『己を見つめ、行動を改めなければ、5年後に事故と末期ガンになり数年で生涯を閉じることとなる』と伝えてきた。なので、自分はその言葉を一所懸命知らせたけれど、その男性は全く耳を傾けてくれず、こちらとしては無力感で一杯になったんだ……」

命とは、その方お独りのものではなく、結婚されている奥さまや子供さんなど無数の方々のためにもある。しかし、ご本人が自らを見つめ直し、行いを改めなければ、結果としてご本人だけでなく、無数の方々が悲しむことにもなる。気づくこと、改めることは自分自身でないと出来ない……

先輩は本当に悲しそうに呟かれていました。

心とは、本来は清らかで透き通ったもの。
心が闇であれば、巡り合うものはすべて、禍（わざわ）いになる。
心が太陽であれば、出逢うものはすべて宝となる。

★心とは、本来は清らかであり、透き通ったもの。
闇にするのも太陽にするのも、自分次第。

物事を成功させる方法

以前、桃原先輩から、こちらの目を見据えて、こんな風に諭されたことがありました。

「不幸せになる人間は必ず決まっている。それは、出来ない言い訳や理由を常に探し求めている人間だ――これは神様の言葉です。物事は、頭で解決できるものではない。時か、地理、運、様々なものが集まり決まる。だから、何にも挑まずに、楽して成功を得ることはない。それがたとえ失敗に終わっても、その経験は糧となり、より自分を大きくするのだから。この世は1回きり。悩んでいる時間は、それほどない。悩みたければ、あの世で悩めばよい」

この時の先輩の顔つきは本当に厳しいものでした。相談を持ち掛けた僕自身にとって、それがラスト・チャンスであったのかもしれません。

「今の自分がいるのは、魂が繋がってきたから。それこそが人のいう奇跡であろう——神様はそうも言われた」

だからね、閑さんよ、と先輩は言葉を継いで、

「そうであるならは、ご先祖さまに、周りの人々に、感謝と真心をもち、謙虚でいることが、全ての幸せに繋がるんだ」

そう伝えてくれました。

ただ、ここで特に注意しなければならないことがあるのだそうです。アドバイスを受けたとき、自分のその場の都合——目の前の忙しさ——で考えては絶対に

いけないのだそう。例えば、5分のうちに電車に乗らなければならないから、いまは返事できないといったような言い訳は、神には通用しないのだそうです。

「霊の時間は、人間の時間とは違う。人の時間で、霊の時間を決めてはならない。傲慢（ごうまん）な態度になるからダメだ」

ちょっと難しいポイントなので、僕も何度も考えたくだりでした。ところで、先輩はこの時、こんな語り掛けもしてくれました。

「自分だけが、自分だけがという人間が沢山いる。しかし、残念ながら、そういう人ほど、神には嫌われます。自分の具体例でいうと、毎月、高野山で先祖供養をさせて頂くし、ほかの様々な寺社でも供養します。ときには、他の霊能者の方々も一緒に供養してくれます。でも、そういうケースに対しても、『私だけをもっと……』と言われる方々が居られるのが事実です。これが、神の仰る『傲慢』なのだと思っている」

中には、「それが、当たり前だ！　もっとやってこい。次はここで供養せよ」などと平気で仰る方々がいるのだそうです。すると、桃原先輩はこんな風に答えるのだそう。

「そのように仰るのは、ご自身の勝手ですが、でも、結果として、ご運気は下がります。なぜなら、自分自身の徳を積もうとか偉くなろうとして、私や他の霊能者さんが行動しているわけではなく、純粋にその方の先祖供養を行っているわけなのです。でもそこに、依頼者の方の邪推が入ってしまうと、残念ながら、その方ご自身にその邪念が返ってきてしまうからです」

神の言葉。

「人に要求ばかりして、何も思わない人間は、巡りめぐって、自分自身で作ってしまった『数倍の災い』を招く」

例えば、レストランで注文しまくって、お金は払わない、払う気すらなく、奢りだろうと思っている人間は、神に嫌われるということなのでした。桃原先輩曰く、そういったとき、どんな災難で返ってくるかは人それぞれ。病気や金銭トラブル、家庭問題、様々なものとして返ってくるそうですが、残念ながら、そのような方々は誰一人助けてもらえないのです。これが「自業自得」と呼ばれる状況だそうです。

人にあれこれいう前に、自分がさっと動けば問題は無くなる。そのようにしていくと、争いは必然的に無くなりますし、皆さんも気持ち良く生きれるのでしょう。

先輩の言は続きます。

「霊能者として、私は、寺社でいろいろな言葉を受け取りますが、時には、いろいろなご相談者の方への具体的なメッセージを頂いて、辛くも感じたりするのです。霊能者である自分は、所詮、道具なのです。その道具をどう使うかは、ご相談者の皆さまに委ねられています。丁寧に使う人、使い捨てにする人――そういった様々な形態があっても、それは個性だし、その対応を私自身は尊重しています」

「でも、霊の世界はそうでないことが多いですね。だからこそ、私も無常を感じたりもするわけです」

この時の先輩の顔つきが忘れられません。

とても悲しそうな表情で、こちらも胸が痛くなりました。

★人に要求ばかりする人間は、結果として、自分でこしらえた「数倍の災い」を招く。

人生において、他生の縁がある人

ある時期のことです。仕事の関係者と知り合って、向こうから積極的に今度飯を食いましょう、酒でも、お茶でもと、とても愛想良いメールが来るのですが、その約束の日になって突然、熱が出た、仕事が急に立て込んだ、咳き込んできたなどのいろいろな理由でキャンセルになることが続きました。

多分、一か月に1回ぐらい、連続で5回はキャンセルを喰らったと思います。あんまり続くので、もう連絡はしないでおこう、特にお目にかかる理由も無いし、あまり縁も無いのだろうと思ったのですが、それでも、先方からはまた翌月、とても親し気なメッセージが来たりするのでした。

その繰り返しで半年ほど経ち、土曜日の話です。朝10時ごろ、「今日の午後、空いていれば簡単にお茶でもしないですか？」といきなりのメールが来ました。何が起きたんだろう？　と不思議に思いながら、たまたま時間が空いていたこともあり、待ち合わせ場所に向かいました。

すると、見覚えのあるその人の顔が。ついにやって来たのです。ラフな格好のその人は、「これからちょっと打ち合わせがあるんで、その前にちょっとでも世間話を」という感じで、仕事のことをいろいろ質問されたり、こちらからも訊ねたいことを訊ねて答えを貰ったりしました。

5回もキャンセルされ、もう面会などあり得ないだろうと思っていたら、なぜか当日に突然連絡が来る。それで実際に会う……結構不思議な感じもしましたが、でも実際に会ってみたら、いろいろ有益な情報をくれました。

特に、自分の近々の仕事先の特別な内情について、こっそり教えてくれたのです。そんな話が出てくるとは、まったく思ってもいませんでした。時間が来て、その人は笑顔で挨拶してそのまま駅に。カフェで自分はそのまま暫く座っていましたが――こういうのを狐につままれたような想いというのかな？　情報は有難かったから気を付けよう！　そんな風に考えていました。

翌日の日曜日、桃原先輩と軽くお茶をさせてもらう機会がありました。それで、あんまりに不思議であったので、事情をそのまま打ち明けてみました。

「仕事関係の人なんですが、面会を連続5回キャンセルされて……なのに、昨日突然会おうと言われて本当にお話ししたんです。対面出来たことに、却ってびっくりして、なんか悪いことでも起きるのでは？　と思ったぐらいでした」

するとと先輩は、ハハハと乾いた笑いをしてから、こんなことを教えてくれました。

「昨日、閑さんが会ったその人は、少し、精神的に不安定なところがある。ドタキャンの理由はそれ。何かちょっとでも心配の種が見つかったら、そちらにあっさり傾くから、そういうことになる。ただ、今回、たまたま面会出来たのには別の意味があるね。その人と閑さんは前世でほんの少しの縁がある。袖振り合うも他生の縁ということわざの通り」

それから、先輩はぽつぽつと話してくれました。

「日本の中世ぐらいの景色に……見えるんだけれど、その人が道端で物乞いをしていたとき、前世の閑さんが通りがかって金品を与えた……なので、今世でもちょっとした縁があって、神様の意志で閑さんに何か伝えなければという場合に、その人が使われる。昨日、仕事関係の情報を貰ったんだよね？　それを閑さんに伝えなければならないということで、その人が使われたんだ。本人としては、『なんで今日出かけたんだろう？』と後で不思議がっているかもしれない。自分の強い意志のもとに動いたわけじゃないからね」

そうなんだ。情けは人のためならずって言いますね、確かに。

「そう。そんなちょっとしたことでも、役に立ったんだよね？」

はい、その通りです。ただただ、ありがとうございます、と言いたいです。神様にも、その人にも。

★情けは人のためならず、という言葉には想像以上の重みがある。いつお返しがあるかは分からないから。

情けは人の為ならず
いつお返しがあるかは分からない

前世の縁

「前に言ったと思うけれど、人間がずっと人間に生まれ変わり続けるわけではないんだ。ニホンカワウソがニホンカワウソに生まれ変わりたいと願っても、もう『入れ物』となる身体が存在しないから、神さまの方から『今回は人間で！』と言われたりもする。そういう場合、動物は何より、目の前の餌をとることに必死だから、そういう魂が初めて人間に生まれ変わると、人のものを平気で横取りしたりもするんだ。だから、案外見分けが付きやすい」

先輩はよくこんな話をしてくれます。

たまに、「あの人、猿」といった感じでこっそり耳打ちしてくれたりも。

そんなとき、精神的後輩の僕からも訊ねます。

「生まれ変わる年数ってどれくらいなんですか？」

「だいたい、200年ぐらいは開きがあるんだけれど……閑さんの友達の龍君、初めて言うけれど、あの人の前世は特攻隊で空に散った方なんだよね。だから凄く生まれ変わりの早い例になる。滅多にないケースですが。本当に無念であったんだろうね」


特攻隊員の人なら、この世への未練は尽きなかったに違いありません。隊員にもいろんな方がおられただろうなと思います。絵が好きな人、自然が好きな人、音楽を愛する人などいろいろな好みがあっただろうに……そんな風に、次々と連想しました。

すると、桃原先輩がいきなり口を開きました。

「遺品の中にハーモニカがあったという、隊員さんの話を聞いた覚えがある」

何も言えず、俯いてしまいました。どんな曲が好きだったんだろう？

　さて、話題が少し変わります。

「ところでね、人間は万物の長であり、動植物は下の存在でしょうかという質問を受けたばかりなんですよ。その答えはＮＯです。例えば、前世で縁のあった二人がいたとします。

　その場合、一人を追いかけて、もう一方も再生する場合があります。すると、追いかけた一人の近くに、もう一人の魂を受け入れるに適した物質が必要となる。この場合、その物質が人間とは限らないのです。その人の近くに入れるならと、動物や植物に魂を宿す場合もある。もっと言えば、石のような自然物にすら魂を宿す場合があるのです……うちの母親が飼っていた犬が前世は人間であった話」

　はい、聞きました。

「そのようなわけで、動植物や自然物が、人間の魂を宿している例は沢山あります。また、逆もしかり。つまり、人間に、動植物や自然霊の魂が宿っている場合もあるということです。以上を分かって頂けると仮定して……大丈夫？」

よほどきょとんとしていたのでしょうか？

顔を覗き込まれました。先輩の話は続きました。

「霊能者の我々は、『人間が万物の長』という意見には同意しかねます。人間が万物の長であるなら、相手を思いやる精神も万物の長ならではのものであり、戦争やいじめ、差別等は無くなると思うのですが……」

ここで、先輩のその先の説明を纏めてみますね。

――今の存在が「人間」であったとしても、前世は「人間」である保証はありません。つまり、動植物であった可能性もあるのです。

「人間」を万物の長に置きたいのであれば、その方々は、万物の長に応じた、魂の存在感を見せねばなりません。

しかし、霊の世界とは異なり、物質世界の制約下にある以上、「人間」が「万物の長」としての魂の存在感を示すことは難しいでしょうね。

残念ながら、「自分」という存在を、「万物の長」として捉えておられる方々が非常に多いと、霊能者は感じております。

★万物の長なら、相手を思いやる精神も万物の長ならではの高い次元に至っているのではないでしょうか？

第二夜

人間の欲について

金銭欲

霊界通信というコラムを先輩が書いてくれたので、読ませてもらいました。
霊界の存在に成り代わる形で執筆されたそうです。
文中に出てくる「我々」とは、霊を指しています。

我々は精神世界に生きているため、物質に支配されません。
あなた方がよく願う「金銭」の願い事などは、全く存在しないわけです。
ひたすらに、「金銭」のことを願う、皆さま方の声は、霊界にも伝わっています。

しかし、最初にご理解いただきたいのは、「金銭」が生まれてから、「人間」が生まれたというわけではないことです。

あなた方は、魂を宿して生まれて来た存在であるということを忘れてはなりません。

もし、我々が「トイレットペーパーが欲しいという」ことを、必死に願っているとすれば、あなた方はどのようにお考えになりますか？　非常にバカバカしい願い事だと思うのではありませんか？

でも、我々から見たら、金銭も紙も変わらない、単なる物質であることに違いはないのです。

自らの魂の成長を忘れて、「金銭」に魂を売り渡す。

これこそが、「悪魔」に魂を売り渡していることと変わらないのではありませんか？

ただ、皆さんの世界は物質世界です。

そして、「金銭」が必要なことも存じ上げてはおります。

ただし、「金銭」は真理でも、絶対でもありません。

金銭は魂の成長を導くための単なる道具！

真理でもあり、絶対でもある「魂の成長」を忘れたのでは、本末転倒ではありませんかと我々は申し上げたいのです。

「金銭」とは、「魂の成長」を導くための道具に過ぎません。その主従関係を忘れてしまうと、あなた方の世界での経験は、独り善がりなものになってしまいます。

つまり、あなた方の言葉でいう「あの世へは金を持っていけない」ことに、死後になってようやく気付き、うなだれる霊が沢山いるのも事実です。

そうした霊をこちらの世界で、我々は必死に宥(なだ)めてやります。まるで、赤子をあやすかのように。

少しでも、「魂の成長」へと振り分ける視点があれば、彼も異なった人生を送っていたでしょう。「覆水盆に返らず」ですが。

そのような霊も、こちらで長い期間を経た後、再び、そちらの世界で経験を積もうと戻ります。

あなた方の世界は、不完全ですが、不完全ゆえに、学ぶ価値がある。

また、学んだ者と、学ばなかった者の差がはっきりと、こちらに来た時にわかる点で、あなた方は日々試されているとも言えますね。

実は、あなた方も、眠っているときには、我々の世界に訪れてきて、肉親や数多くの霊と交わっています。

あなた方は「金銭」を必死に求める。

でも、「夢」(眠っている時の)に対しては、重きを置かない。

「夢」(眠っている時の)を買おうともしない。

「夢」（眠っている時の）は売れないからでしょうか？

「金銭」化できないからでしょうか？

そのような、日々の眠りにすら、学びがあります。

魂を磨くヒントがあります。

その「夢」（眠っている時の）すら、「金銭」という物質世界の不安定なものの下に考えているところが、我々から見ると残念で仕方ありません。

★霊界からみれば、金銭とは、現世で魂の成長を導くための道具に過ぎない。
金銭が人生の主人公ではない。

性欲と色情霊――改めて

この項も、桃原先輩が書かれた霊界通信からのご紹介。結構、生々しい話です。

色情霊っていう名前をご存じですか？

色情とは、簡単にいうとエッチが異常にしたくて仕方ない状態です。

色情霊がつく場合は二つあります。

一つは、ラブホテルなど、色情霊の多いところに頻繁に行く場合。もしくは、色情霊が憑いている方とエッチをして、そのまま霊を連れて来てしまうことです。

色情霊が憑いてしまうと、いつでも性欲を中心に考えてしまいます。また、常にエッチがしたくて仕方がない状態になります。沢山の色情霊がついてしまうと、誰彼かまわずエッチをしてしまいます。色情に負けてしまうのです。

そしてもう一つは、その人の課題が「性」に向かい合うことなのに、逃げたり、遠ざけていると、強制的にでも一時的にでも、色情霊をつけられることがあるのです。

前世が「聖職者」や「性と関係した仕事」の方は、今世では性を遠ざけようとしてしまいます。「愛」と「性」を分け、「性」は汚いものと考える傾向がある方です。

こういった場合、「性」に目を向けさせるために、一時的に色情霊をつけられることがあります。

ただ、こちらの場合は、一生続くことはありません。あくまで、課題克服のためです。

前者は、対策が必要となります。生活習慣や、人間関係を変えるなど。

後者は自覚により、目が覚めると思います。

そういえば、先輩は以前、こんな話もしてくれました。

「性行為とは、すなわち、オーラの交換。相手のパワーが強いと、自分のパワーを吸い取られることもある」

序夜のページでご紹介した「吸い取りの人」にも通じる話題ですね。

★性行為とはオーラを交換することでもある。交換した結果、自分のオーラが弱まることも。

欲をすぐ叶えてくれる神様――自然霊

昔は、たまに宝くじを買って、少額でも当たると嬉しかったりはしました。当たった人の話も聞いたことがあります。最高額当せん者ではなかったですが、実家の修理費用に使われたなど、聞きました。

それでは、先輩のコメントです。

「自然霊という存在があります。この霊は、人間の願い事に対して――私個人の見解として申し上げますが――不釣り合いな代償を要求してきます。自然霊には、人間のような心がないために、要求や課題の大きさが、純粋な意味で分からないのだと思っています」

「例えば、特定の地域で、石を河原で拾って持って帰るなどしたら、そこに神様が宿っている場合があるのです。それが、自然霊です。自然が神様ですから、お前は石を持って行っただろう！　といって、その代償として、不釣り合いな要求をしてきます。自然が神様である以上、人間界での価値が通用しないのです」

「ちなみに、自然霊にお願いすると、願い事も叶いやすいです。自然が神様である以上、人間界なら、その願い事を叶えても良いのか？　と悩むようなこともなく、ズバッと叶えてくれたりもします」

「しかし、その願い事の代償が尋常ではないのです」

「例えば、砂利の一粒を持って帰っていった人間に対して、自然霊の側からは、対価として1億円の金銭を要求したり（自然なので人間界の価値ではない）、『宝くじを当てたい！』と熱心に願い当せんした人に対しては、『お前の命か家族の命を貰う』と求めてきたりします。どんな時も、常に、釣り合いの取れない対価を要求されるのです」

「でも、自然霊にお願い事をし続ける人は多いです。全員が全員命を取られるわけでもないですし、自然霊に、願い事をすると、その願いが叶いやすいので、実感も湧きやすく、周囲にもわかりやすい。ただ、願い事が叶った後の代償の大きさは分からないのです」

「ある俳優さんが、非常に長い間、ドラマの主役をされていました。その方も自然霊系列の神社にお参りする方でした。ただ、その方はプライベートの面ではとても寂しい方でした。仕事運のチャンスを貰い続ける一方で、恋愛運や家族運を代償として求められていたからです」

「でも、もしも、貴方が自然霊系統のところにお参りしたとして、とてもとても小さな願い事なのに、霊の側から、今後の一生の幸せを代わりに要求されたり、子供の命を貰うぞという展開になった場合、理不尽だと人間が言っても通らないのです。要求をしてくるのです。自然霊が人間界の価値を知らない以上、自然霊の価値観で見返りを要求してくるのです。その場合、いつ、願い事の代償要求が発動するか、全くわからないといった、非常に怖い状態です」

『○○さんと、付き合いたいです』とお参りして、願い事を叶えてくれたは良いが、そのすぐ後に、自分の命を取られてしまっては、本末転倒だと思います。また、繰り返しますが、自然霊は願い事をすぐに叶えてくれやすい一方で、人間の側が、そんなに酷い代償を要求されるなら、そこでは願わなかったと、後で述べてもなかなか通らないのです。『叶えたのだから、当然だろう』という答えが返ってきます」

「このような理不尽な代償をお断りして、神さまに帰っていただくのは、本当に至難の業です。霊能者として、私自身、クライアントからのご依頼で、そういうお願いを何度か、させて頂いてきましたが、本当に、こちらの命を賭けないといけないお願いになります。何度も言いますよ。自然霊自体が、人間の命を要求してくるような神様だからです」

「また、その神さまに帰って頂くために、時と場合によっては、もっと強い神を降ろして、説得して頂いたり、強制的に帰って頂くようにする必要があるのです。こういう時、非常に、心身ともに疲弊します。また、それが成就した途端、クライアントの側から報酬を踏み倒されたりして、更に、心身共に、疲弊することもあるのです」

「そして、そのような依頼主の方々が、上手く行ったと味をしめて、自然霊に願い事をして叶えてもらった後で、平気で、『神様に帰るようにしておいて』とおっしゃってくることも非常に沢山あります」

「そんなとき、こう思います。この依頼主の方自体が、人間ではなく、自然霊でないのかと」

「皆さん、すぐに願い事を叶えてくれる神様が、良い神様とは限らないのです。願い事が叶った後が、怖い。もう一度言いますよ。叶った以上、無茶苦茶と思える要求をされてしまうのです。また、周りにもわかり易いことから、『あそこのお社は願い事が叶い易い』と、人が殺到することもあるのです――後の代償を知る由もなく」

「良い神様、格式が高い神様、偉いという神様ほど、お参りしても、願い事がすぐに、叶い易いということはありません。また、目に見えるように、はっきりと叶うことは少ないかもしれません。しかし、いつの間にか叶っていた。そのような感じだと思います。皮肉なもので、例えば、10年前のお祈りがようやく叶ったとしても、願ったご当人としては、その神様にお願いしたからだということを忘れていたりすることもあるのです」

「位の高い神様は、滅茶苦茶な代償を要求しません。ちなみに、神様とは降ろすものなのです。だから、神様がそこに居ると思っていては、願い事は届けにくいかもしれませんね」

ちなみに、桃原先輩のここの言葉だけ、以前、別の機会に伺ったお言葉を足させてもらいます。

神社のお社は、神と人間を繋ぐ中継点、アンテナのような存在ですから、そのお社を通じて神様に降りて来てもらうことが何より大切であり、霊能者も、普通の人間も、そのために必死にお祈りをするわけです。神様はお社に常駐しておられるわけではない。天界におられるわけです。だから、祈りが通じないと残念ながら神様は降りて来て下さらないので、「お参りしたから大丈夫」にはならないわけですね。

最後に先輩からひと言。

「宝くじで高額当せんした人で、実は、その後、幸せになった人を見たことがない。また、そういう人ほど、自然霊系統の神社に熱心にお参りしている。5000万円当たって喜んだ途端、家族が事故に遭い、その医療費が5000万円を超える額になったとか……そういうのばかりです」

★すぐに願い事を叶えてくれる神様からは、その代償として何を要求されるか分からない、怖い。

賭博中毒　アルコール中毒　パチンコ中毒

射幸心（しゃこうしん）という言葉があります。これも、欲心の一例です。努力を積み重ねずに、すぐに利益や成功を得たいと願い、「濡れ手に粟」とばかりに苦労せずに利益や成功を得ようとする気持ちのことだそうです。一般的に、ギャンブルと繋がりの深い言葉です。

桃原先輩のブログから。

「賭博中毒、アルコール中毒、パチンコ中毒と様々な中毒があります。賭博中毒は、科学的に見れば、賭博であたったときに、一気に脳が興奮する状態を脳が再び欲する場合ですね。アルコール中毒も同じく、アルコールを体内に摂取したときの興奮を、脳が再び、欲する状態です。それは、覚醒剤も同じです」

「ただ、賭博であたったからといって、必ずしも、賭博中毒になるわけではない。覚醒剤でもやめることが出来る人もいる。全員が全員、依存に陥るわけではない。これは、霊能者から視ても同じです」

「賭博中毒で賭博好きな霊に身体を乗っ取られている場合もあります。アルコール中毒は、霊に乗っ取られている場合が多いです。だから、普通のお店は、霊がいたら除霊を頼まれますが、水商売のお店では逆に、お酒をよく飲む霊を集めてと言われます。お酒をよく飲む霊が、お客様に取り憑くことでお店に来てもらいたいからです」

「私は、除霊はお受けしてますが、霊を集めたり、霊をつけることはしません。それは、霊能者であれば出来る技ですが、でも、禁じ手ですから。もし自分の周りに、取り憑かれているかも、という人がいたら、霊能者さんに相談するのもありだと思います。

また、どれだけ病院に行っても、一向に良くならないようなら、霊が憑いている場合もありますから、霊能者さんに相談してみるのもありだと思います」

★霊に身体を乗っ取られてしまうと、「○○中毒」になる場合が多い。

第三夜

先祖の霊に代表される「縁の深い魂」と一般的な「悪い霊」

お盆の時期

僕が、仕事でかなり手こずっていた頃のことです。

桃原先輩を通じて神さまのメッセージを頂きました。

「お盆の時期、霊と交信しやすくなる。その数日間に集中せよ。頭の中に湧いた発想を声にして、必ず、映像や音声で撮っておきなさい」

こんな風に、極めて具体的にお報せ頂きました。

実は、このメッセージを頂いたのが8月上旬でしたので、要は「旧盆」の時期を伝えて頂いているのだと分かりました。

素人考えですが、お盆の時期——すなわち、死者の魂と人間の交流がやりやすくなるタイミング——は、洋の東西を問わないのでしょうか。

僕が手こずっていたその仕事とは、１００年以上も前に亡くなったヨーロッパの人についての文章を書くというものでした。それとも、日本に住んでいる自分だから、この時期に霊界と繋がりやすくなるのでということなのでしょうか。

この時は、結果として、それなりの文章が書けたようにも思いますし、ヴィデオカメラを自宅のデスクトップと繋いで、映像でも自分の発言をしっかり記録できました。

さて、この原稿を書いている今日は8月15日、終戦記念日です。ちょうど、桃原さんが数日前に発表されたブログがこのテーマに合致していますので、そこからそのまま引用させて頂きます。


「もうすぐお盆。両親への供養や、ご先祖様への供養の時期。相談者さんからも、この時期は、ご先祖様の供養の依頼が多い。ご先祖様は甘やかしの霊。困っている子孫をほっておけないのである」

「一方、ご先祖様の供養があると思い、お墓に立っている霊もいる。目にするといたたまれなくなる。ご先祖様は、自らに繋がる魂をくださった方でもある。いくら供養しても、無駄はないのだ」

「しかし、人はご先祖様の供養よりも、様々な霊能者を回ったり、パワーストーンや、理由のわからない仏像を買ったり、パワースポットを必死に巡る。まさに、灯台下暗し。自分がこの世に生まれたこと。それは、ご先祖様からの魂のバトンタッチ。ならば、バトンを渡してくれた、ご先祖様に感謝するのが、筋だと、私は思っています」

「皆さんが、どのような場所、どのような方法であれ、ご先祖様を供養なさるのは、尊い行為だと、私は常に思っております」

書き手の自分も、２０２４年8月15日の今日、小さな仏壇に手を合わせました。毎朝していることですが、念入りに。父方の家の仏壇と母方の家の仏壇を二つ並べていますが、桃原先輩曰く「別に問題ない」とのことでした。宗派も違うので、二種類のお経を唱えています。素人なりに出来ることはしておきたいのです。

★自分で心を込めて先祖供養をすれば、それが無駄になることはない。

人間を取り巻く様々な環境と様々な霊

引き続き、桃原さんのブログからです。

「人は、今よりも良い生活水準に憧れることが多い。しかし、人は変化を望む一方で、自らの生活が変化することは、過度に怖がる。だから、現状に不平不満を抱いていても、新しいことに挑戦することには、躊躇（ちゅうちょ）する。私は、ずっと自営業者として生きてきた。だから、変化やチャレンジが当たり前と思っている。サラリーマンの経験が全くないのだ。ある意味、社会不適合者であろう。そして、サラリーマンの人を尊敬している」

「毎日、ラッシュの電車にのり、不条理に叱られたり、会社内で様々なことを考えて生きないといけない。私には、絶対に無理である。でも、世の中の人は馬鹿ではない。だから、スキルアップと英語や資格取得を考える。しかし、現実には、ほとんどの人は続かない。なぜか？　単純に、スキルアップや資格取得しても、自分の給料や待遇がどう変化するのか、わからないし、スキルアップや資格取得した分だけ、仕事を押し付けられることも容易に想像出来るからだ」

「でも、あくまでも、それは今の会社においてであり、スキルアップや資格取得後の未来の話ではない。つまりは、今の会社内での判断が前提で、会社から、外へと出るという選択肢が考慮されていない。スキルアップや資格取得後に、転職や変化があっても良いのだ」

「ただ、多くの人は、今の会社より、ブラックな会社に転職したらどうしようと、まずは考えてしまう。で、現状維持を選ぶ。でも、その『現状維持』が、もうすでにその状態で後退していることに気づいていない。スキルアップや資格取得は、ブラックな会社に勤めたとしても、すぐに辞めて違う会社に移れる特権なのである。スキルアップや資格取得は、自分を守ってくれる道具なのだ。道具は上手く使わねばならない」

「そこで、ある人は言う。どんな資格が良いかと。どんな資格でも良いと思う。易しい資格を積み上げて、自信を得ていくのも良いことだし、一気に難関資格に挑むのも、良いと思う。つまりは、自己観察。そして、その際には私のような人間が求められることもある。現実社会に合わせてだと、職場アドバイザー。霊能者としてだと、その人のガイド霊（その人についている家庭教師的な霊）を視て判断することになる」

「人の真後ろには、守護霊がつく。守護霊は大半、その人の家系とは関係なく、魂が近い霊である。だから、人の守護霊を視ると、その人がどのような魂や、性格、傾向を持っているかがわかる。その人の魂を最大限に広げていくと、守護霊に行き着く」

「人の左側には、家系霊、つまり、ご先祖様がつく。ご先祖様は、ついつい子孫が可愛くて甘やかしてしまう。それを、時に、守護霊が止める。ご先祖様の力が弱いと、運気が弱く、願い事が叶いにくかったり、不運が続く。だからこそ、ご先祖様の力という応援が必要となる。しかし、大半の人々は、ご先祖様の力を強める方法を知らない」

「人の右側には、ガイド霊がつく。ガイド霊はその名の通り、その人にあった、仕事や道を案内するものである。このガイド霊は入れ替わることがある。だから、今のガイド霊を視て、その人が向かう方向を知ることが大事なことである」

「ある出来事に、幸せの感情をつけるのも、不幸の感情をつけるのも、人である。

周りの環境も、当然、影響してくる。霊能者は、現実を見る『リアリスト』であり、その人の可能性を視る、スピリチュアリストでもある。リアリストの側面のない霊能者は、所詮、ロマンチストに過ぎず、人に、誤った言葉を与えると、私は思っている」

★人間は守護霊、家系霊、ガイド霊に護られている。

守護霊と家系霊——勘違いしないように再度説明

こちらも、桃原先輩の以前のブログからです。

「守護霊について、よく聞かれます。昔、お話したことがあるのですが、もう一度お話したいと思います」

「まず、皆さんがよく誤解なさっているのは、守護霊＝ご先祖とお考えになっていることです。守護霊は、基本的に皆さんの血縁と関係ありません。むしろ、似通った魂という魂基準で選ばれます。だから、全く知らない方が守護霊としてついて下さっているというのが原則になります。守護霊は、皆さんが人生の課題を乗り越えるために必要な魂の先生でもあります。魂が似通っていないと、皆さんを心底理解出来ない」

「一方、皆さんが思う守護霊＝ご先祖というのは、それは家系霊になります。家系霊＝ご先祖様です。ただし、家系霊になるにも、家系を代表するだけの強さが必要になります。亡くなって（成仏して）、数十年経っている方々が、家系霊となります。家系霊は、子孫を助けたい、子孫の願いを叶えたい、という気持ちが非常に強いです。その結果、子孫本人の課題をも叶えてしまおうとしてしまいます。そこで、守護霊が出て待った！　をかけるわけです」

「守護霊は、原則、家系霊よりも、亡くなって（成仏して）時間が経った霊が成ります。そのため、守護霊がついている方々の課題を見守りながら、時に共に涙を流し時に笑い、一緒に行動していきます。原則、変わることはありません。また、家系霊のような、血縁関係もなかったりします」

「家系霊は、子孫はこちらに進んだ方が良いなど、短絡的に物事を決めることがあります。しかし、守護霊にとっては、ついている相手の課題が重要であり、守護している人を尊重します。難しいですね」

「例え話をしましょう。本人がいます。パティシエになろうかと、悩んでいます。家系霊は、家族のように、修行を何年もしてパティシエになるよりも、良い大学へ行った方が楽に暮らせると、そちらに引っ張ります。しかし、本人の夢は、パティシエ。ならば、守護霊は、その人がパティシエになれるように、両親を説得し、周りも説得してくれる先生のような立場で守って下さるのです」

「守護霊は、家系霊なども経験し、その次の段階としては、人間界のこちらに生まれ変わることが多いです。あちらの世界で、様々考えて、沢山のものを見て来た霊でもあるのです」

★子孫に甘い家系霊の振る舞いを守護霊が止めることもある。

子孫に甘い家系霊に
守護霊が待った！をかけることも
STOP!

カウンセリング　スピリチュアル・霊能力者として

桃原先輩ご自身の言葉を引き続きご紹介します。

「私はカウンセリングのときには、守護霊や家系霊やガイド霊の伝えることを、はっきり伝えています。それはクライアントとしておいでになったご本人の意図しないことかもしれません。ただ、霊に嘘をつくことはできません。また、悪いことがあっても、必ず解決策やポジティブなお答えを提示しています」

「占い師さんや霊能力者さんで、ひたすら叱ったり、悪いことだけを告げる方もいます。でも、叱られただけ、悪いことを言われただけで、解決策がないのであれば、悲惨としかいいようがありません。私としては、相談者の方の心が明るくなるように、気を送って、最後は明るく帰って頂きたいとも思っています。それは、単純なことであり、当たり前のことです。

その単純で、当たり前のことをすることが霊能力者やスピリチュアルカウンセラーと呼ばれる人のお仕事だと思っております」

桃原先輩はこんな風にも言われました。

「守護霊さんの素性や言葉をお伝えしたら、相談者の方から『その守護霊さんだと困る』と言われたことがあった」

これはどうも、その相談者の方の辛い体験やトラウマを思い起こさせる立場の方が、守護霊に立たれていたから、ご本人が辛くなったようなのです。

そのときはかなり険悪な空気が流れたそうですが、桃原さんも嘘は言えません。

その通りお伝えするしかないという態度を貫かれました。

ある人が先祖供養を頼みに来て、その先祖供養を高野山でなさったあと、その費用を踏み倒された時の話を聞きました。供養の際はお坊さんの読経も、護摩焚きも必要で、桃原さんもその隣で一身にお祈りされます。

一度、その模様を見学できないかと訊ねたのですが、「止めておいた方がよい。影響されたらいけないから」と真顔で返答されて断念しました。

素人にはよく分からないことですが、聖域といえども、おかしな念を抱えた霊魂が彷徨(さまよ)っていることも少なくないのだそうです。聖地で聖なる行為をしていると、そういう変な魂が寄ってくることもあり、霊能者の桃原さんはそれを避けられるけれど、「一般人の閑さんはムリ！」と言われました。

それで思い出したことがあります。

ある日、とても歴史のある神社さんのことがどうしても気になり、「今度、その近くまで仕事で行くのですが、お参りした方がよいでしょうか？」と訊ねてみました。それまで全然ご縁の無かったお社です。

桃原さんは一瞬、下を向いて考え込まれました。

それでややあってから顔を上げて、

「行かれてもよろしいかと思います」

と、いつになく丁寧な口調で返答されました。

それでお参りして数年、その神社さんは、僕にとっては、今では年に何度もお参りのご縁を頂けるお社になっています。

つい先日、その時のことを思い出して、桃原先輩に訊ねてみました。あのとき、一瞬とはいえ、何で考え込まれたんですか？

「あそこの神社は祭神のご正体を隠しているお社で、本当にお祀りされているのは★★★★★という神様です。そのこと自体は何の問題もなく、閑さんにもご縁があると思ったんだけれど、そのお社が戦争の犠牲者をお祀りしている場所でもあるから、精神的に弱い人だと引っ張られかねないと思って一瞬危ぶんだ。でも、まあ、大丈夫かなと思って『良いかと思います』と答えたんだよ」

今日、この原稿を書き始める直前、自宅の郵便受けに、そのお社からの封書が届いていました。8月15日の終戦記念日のその日に、「先日のみたま祭りの返礼品です」としてお札やお菓子が届いたのです。すぐ神棚にお供えしました。

桃原先輩曰く「そんな風に、守護霊でも家系霊でもガイド霊でもないんだけれど、時々、昔の人の魂が応援して下さることがある」とのこと。ひたすら有難いと思いますし、戦争の犠牲者がこれ以上増えないようにとも願うので、少額ですが、毎年、みたま祭りの時期にはお金をお供えしています。

★守護霊でも家系霊でもガイド霊でもない存在ながら、たまには、良い霊が応援して下さることもある。

除霊――やる気が出なく体調が悪いとき

こちらも、桃原さんのブログからのご紹介です。

「今日は、相談者に憑いている霊が非常に強い。なかなか、話も聞かないし、強制的に、霊能力を使って引き離した。相談者さんは、霊を引き離してから、一時間もしないうちに元気になられた。良かった！」

「仕事の通勤の途中で拾ってきてしまった霊。他の霊能者から、強力なので取って欲しいとの依頼でした。本人は何も悪くないのに、悪い霊に取り憑かれて大変だったと思います。毎日、悪夢で眠れなかったそうです。これで、ぐっすりと眠れると思います。やる気の出なかった仕事も、霊が取れたから、きっとやる気も出ると思います」

このブログを読ませてもらって暫くしてから、自分も体調が悪くなりました。胃が食べ物を受け付けないのです。これまでの人生でそんなことはほぼありませんでした。

先輩曰く、

「いますぐ、温かいものを腹に入れて下さい。カツ丼でも天丼でもポタージュスープでも天ぷらうどんでもなんでもよいから。悪い霊が憑くと体温が下がる。寒気がするってこと。だから、体温を上げないといけない。落ち着いて、食べられるだけの量で良いから、まずは温かい食事を普通に取ること！」

そこで僕は、天丼屋さんまで走ってゆきました。小盛りを食べるのが精いっぱいでしたが、なんとか食べきって。それから徐々に体調は回復してゆきました（ちなみに、この時は、それと並行して、桃原先輩も別の場所で、僕に憑いていた悪い霊を除霊して下さっていました）。

ちなみに、軽い霊障の場合は、いきなり背中を抓（つね）ってこられて「はい、これで取れました」といって帰ってゆかれることもありました。ケースバイケースです。

★体がだるく、やる気が出ないとき、不思議なぐらいに疲れてしまったときは、温かいものを腹に入れるのも選択肢の一つです。

いわゆる、悪い霊

引き続き、先輩のブログからです。

「皆さんは、『霊障』という言葉を耳にしたことがあるかもしれません。霊障といっても、様々な種類があります。霊障とは、霊が原因となり、災いを起こしていることです。

①の1　本人が原因で霊障を起こす場合

ご本人がネガティブな波長を出して悪い霊を引き寄せてしまい、その結果、悪いことが起こる場合です。

①の2　本人が原因で霊障を起こす場合

ご本人が、他の人に嫌がらせをしたり、悪口を言うなどして、悪い霊を引き寄せてしまったり、生き霊を呼び出し、取り憑かれてしまう場合です。

②の1　本人が原因ではない霊障

住んでいる建物や土地、働いた会社に悪い因縁があり、そのために、悪い霊が居て取り憑かれてしまい、人生が長期間上手くいかない場合です。

②の2　本人が原因ではない霊障

生まれた家系やパートナーの家系に強く悪い因縁があり、そのため、一族が霊の影響を受けてしまい、本人を初めとして、家系全体が、常に何かしら問題が生じる。いわば、家系全体が呪われている場合です。

そこで、①の1の場合の霊障は、比較的簡単にとり除けます。①の2の場合は、本人が自覚しない限り難しいです。ただ、本人が自覚してくれさえすれば、素早く解決できます。

②の1の場合は、非常に困難な霊障になります。簡単に引っ越しをするわけにもいかず、きちんと、霊能者に供養してもらうか、結界を張ってもらうなど、本格的なことが必要になります。当然、きちんとした霊能者でなければ意味もありませんし、費用もかかると思います。本来は、そういう問題は、地鎮祭できちんとすべきものなのですが……。

②の2の場合は、長い期間、その一族に取り憑き、一族の繁栄を妬むような強い沢山の霊がいるわけです。そのような霊の集団と戦い、去らせたり、成仏してもらうには、並大抵のことではできません。きちんとした、霊能者ですら命を落とすこともあります。また、沢山の霊にかける時間もあり、かなりの費用もかかります。

今まで、取り憑かれてきた百年以上をとり除くのです。霊能者の心身も疲労します。魂も削れます。

本来の霊障とは、この②の1と②の2のようなものを呼ぶのです。

あまりに御自身に良いことがない。辛いことしかない、恋愛が上手くいかない、仕事が上手くいかない、家がどんよりしている、兄弟、姉妹や、両親の仲が悪い、一族が上手くいかない。そのようなときは、『霊障』かもしれませんので、霊能者に聞いてみるのも一つだと思います。

ただし、霊障といっても、重さも原因も異なります。御自身のせいでなく、腹が立つ場合もあると思います。しかし、人は生まれる家を選んできます。御自身が、その家系から、救世主として呼ばれてきた可能性も否定できません。霊能者さんとよく話をしてみてください。

霊能者としての私からみると、『霊障』にあっておられる方々は、本当に辛いと思います。

周りにも中々、理解してもらえないことが多いですし。ただ、解決策はありますので、いたずらに不安になられる必要はありません」

★霊障と呼ばれる状況の場合、本当に力のある霊能者ならば解決の道を呈示できるとしても、その霊能者自身の生命を賭けて除霊する場合もありうるなど、大変な苦労を伴うものです。

霊能者自身の命を賭けて
除霊することもある

霊障の表れ方

桃原さんのブログからの引用が続きます。

「以前から紹介している霊障は、一族に出る場合と特定の一人に集中して出る場合があります。一族、全員が仲が悪い。これなら、うちの一族には何かしら問題があるとわかることが多いと思います。何故か、一族がなかなか結婚が決まらないなどです。決まったと思ったのに、破談になるなど」

「一方で、一族の一人ずつが使命のように、霊障を引き受けていく場合もあります。これは家系に因縁があり問題があることを、霊が教えているわけです。また、その対象となる方としては、その家系の救世主のような存在感を持つ方が狙われます。霊にとって、因縁のある家系の人間が成功するのは、許せないからです。そのため、一人に集中する場合があるのです。霊障が集中される方は、本当に大変です。周りからはあまり理解もされないことも沢山あります。というのも、霊障に集中される方は、霊能力があるからです」

「もし、霊能力という言葉が嫌なら、勘、直観の力があるからです。たとえば、『今日は雨が降りそう』『このお店は流行らないだろうなぁ』と、他の人よりも答えに早く辿り着いてしまうのです。因縁を背負う方は、それに負けないように霊能力を与えられていることが多いのです」

「また、家系の因縁を一身に背負う方は、生まれる前から、その家系を救おうと、その家系を目指して生まれてきます。この意味で、家系の切り札です。家系の霊は、因縁を切り札の方に解消して欲しい、因縁を持った家系の霊障を取り除いて欲しいと期待された人間でもあります」

「しかし、霊能力をもつということには孤独な一面もあり、周りに理解されないことがあるのです。また、因縁のある家系の霊障を除去する方法も普通はわかりません。ただ、このような方の場合、ご縁に導かれて、きちんとした霊能者のもとにたどり着くことが多いです。

そして、原因と、解決方法を知ることが多いです。私自身、非常に沢山の方々を見てきましたし、私自身もそのような家系の人間です」

「もし、独りで悩んでいるのであれば、少しの時間でも外にでてみましょう。看板、広告、ブログ、なにかしらから、あなたの目に飛び込むようになっています」

★家系の因縁を一身に背負う人は、実は家系の救世主、切り札であり、勘や直観とも言い換えられる「**霊能力**」を生まれながらに持っていることが多い。

第四夜

お化けや妖怪、妖精と呼ばれるもの、それから「人の念」

遠野物語　妖怪　電話　座敷わらし　河童

桃原先輩との会話では、話題としては滅多に出てこないものですが、いわゆるお化けや妖怪といった存在が居ることも事実です。

座敷童（座敷わらし）について、桃原さんは以前、「水子を土間に埋めた結果」といったような答え方で即答されたことがありました。悲しい話ですが、暮らしが大変な年には、そういうことが行われていたかもしれません。

それでは、先輩のブログからご紹介します。


「電話の時に『もしもし』と言いますね。どうしてなのでしょうか？『遠野物語』で有名な民話研究者の柳田先生によると、妖怪は『もしもし』と答えれないからだそうです。当時、電話は声が出てくる不気味な機械と考えられたのでしょうね。また、電話はなんでも運んでくれるものと、誤解して電話線にお弁当を結ぶ人もいたそうです。柳田先生は、他にも座敷わらしやカッパなどについても述べています。私が霊視したところだと、座敷わらしは小さなうちに亡くなった子や間引かれた子の霊でした。座敷わらしがいると家が繁栄するともいいますが、そうは思えません。むしろ、成仏させずに家に縛りつけているように思えます」

「また、『カッパ』を霊視すると、間引かれて水に流されて亡くなった子供が見えてきます。だから、漢字でも『河童』と書くのでしょうね。当時の霊能者が名付けたのでしょうね。どちらも、食生活が厳しく、飢饉(ききん)を幾度も体験した東北だからこその話だと思います。だから、『座敷童』『河童』と『童』という子供を表す文字が当てられているのだと思います」

★間引かれた子供の姿を指すから「童」という字が宛(あ)てがわれている。

亡くなった子供を表すために
「童」の字が使われている

亡くなった方が霊になるときに――ペット　お迎え　執着

「人が亡くなるときの話です。今まで視てきたのですが、生前可愛がったペットがいると、必ずお迎えに来ます。またご先祖も迎えに来ます。そうして、亡くなった方がさみしく、また霊界に迷わないように案内するのです。ただ、植物人間のような状態が長かった人や、執着を持っていた人は、なかなか、ご先祖やペットの言葉を理解しようとしません。そうしていると、浮幽霊になってしまうのです」

桃原先輩のブログからですが、この「浮幽霊」という言葉は「浮遊霊」とも書きますし、これがいわゆるお化けと我々が呼んでいるものなのでしょうか？

「亡くなった方が霊になった時の話をしますね。大きく分けて、4つのパターンがあります。

（1）亡くなられた当初はよくわからず、何度もご自身の身体に入り、身体を動かそうとします。しかし、身体は動きません。お葬式や茶毘(だび)にふされて、『あー あ、自分は死んだんだなぁー』と理解し、ご先祖や迎えに来られた霊とともにあちらの世界へ旅立ちます。

ちなみに、全員が四十九日に旅立つという規則はなく、すぐに旅立つ方もいれば、時間のかかる方々もおられます。

（2）亡くなられても、長い闘病や一瞬の出来事だった場合、本人が理解できない場合があります。ご先祖や迎えに来られた霊が、どんなに説得しても頑なに、あちらにいこうとしません。そうなると、浮遊霊や地縛霊といった霊になってしまうことになります。しかし、ご先祖の霊がしっかり供養されていて、強い力をもっていた場合には、亡くなった霊の言い分をある程度まで聞いてはいますが、浮遊霊や地縛霊になる前に、強制的にあちらの世界へ連れていきます。葬儀会場で、ご先祖様の霊に両腕をしっかりと組まれて連れていかれた方々を、私自身何度も視ています。ご先祖様がしっかりと供養されているために、身内である霊を連れていく力があるわけです。

（3）中には、何度もご先祖様が繰り返して、霊を連れていこうとしても、ご先祖様がご供養されておらず、力がなく、連れていけないことも何度も視ました。
このような場合に解決策は、3つあります。

一つは、霊本人に、亡くなったことを説き、あちらの世界へ送り出すというか、送り込みます。ベターな方法です。

もう一つは、ご先祖様を供養して、ご先祖様の力を上げて、ご先祖様に連れていっていただくという方法。

最後は、亡くなった本人とご先祖様を供養して、ご先祖様に護られながら、本人にも納得してもらい、あちらの世界へいってもらうことです。これがベストです。

ちなみに、この3つの場合ですが、霊の希望やご先祖様の気持ちにあわせることが必要となります。我々の気持ちを押し付けるのではなく、あくまでも、霊に誠実にいることが大切です。そして、霊に感謝する。『あーあ、お金もかかるし、ご先祖最悪』などと思っていたら、ご先祖様や霊は供養など受け取りません。『そんなふうに思うなら、いるか！』と激怒してしまい、供養どころではなくなってしまいます。

ご先祖様や霊の気持ちに沿った供養は、霊能力を使うことが多く、時間や費用もかかります。当然、霊能者にも負担はかかります。また、ご先祖様や霊の要望する場所に赴くこともあり、交通費や時間、祈禱、祈願料もかかります。

霊能者は、胡散臭いし、怪しいとお考えになるのであれば、近くの神社仏閣や、子孫の方々ご自身でなさっても良いと思います。ただ、ご先祖様や、霊の対応により、どれくらいの時価や費用、心身をつかうかは、一概にはいえません。

（4）残された方々が、亡くなった方への愛情から引き止めてしまう場合もあります。亡くなった方への寂しさのあまり引き止めてしまうのです。亡くなった霊も、心配のあまりこちらに残ってしまい、浮遊霊や地縛霊となってしまいます。亡くなった霊には、お疲れ様でしたと心から送り出してあげましょう。亡くなった方の霊が、地縛霊や浮遊霊となってしまって、残された方にも悪い霊がついてしまうと、除霊や、浄霊するしかなくなってしまいます。

大切な方だからこそ、きちんとあちらの世界にいって欲しいですね」

★魂を引き留めないほうが良い場合も多い。身内に対しても、愛する人に対しても、執着心を露わにしないほうが、その人のためになるかもしれません。

ジュエリーのフェアリー　宝石に住む精霊たち
――フェアリーテール　指輪やネックレスの管理

先輩のブログから。僕も初めて聞く話ばかりですし、御伽噺（おとぎばなし）のような優しさも感じられるページです。

「実は、宝石には、フェアリーが住んでいます。宝石はフェアリーが宿りやすいんです。宝石の中にフェアリーの部屋もありますよ。実際に部屋があるのではなく、霊的なものですよ。

宝石にも、男性や女性がいます。また、気難しい妖精から、優しい妖精までいますよ。

宝石の妖精たちの舞踏会は毎日あります。ある宝石は部屋が狭い（石が小さい）と愚痴を言ったり、ある宝石は哲学などを語ります。また、ある妖精は歌を歌っています。詩を披露する妖精もいます。お芝居を情熱的にする妖精も。また、品よく椅子に掛けている妖精も」

「サファイヤなどは、男性の妖精が多いですよ。理屈が好きです。部屋に招いてもらうと、本棚でびっしりです。理屈を大事にするからか、自己主張が強いんです。逆に、トパーズなどは女性が多いですよ。優しく、お部屋に迎えてくれます。カーテンがあり、テーブルにはお茶とお菓子を用意してくれています。お話が大好きです。だから、石の見た目が、トパーズは人当たりがいいんですね」

「舞踏会では、どんなことをしてるかって？？　おしゃべりしたり、考え事したり……。霊能力がある方は、入っていけますよ。喜んでフェアリーは迎えてくれるので、ぜひ行きましょう。『最近、私（宝石）をつけてくれないわー』って愚痴から、『〇〇ちゃん（宝石の持ち主）の彼氏はパッとしないわね～～』とか、

『私のお部屋（フェアリーのお部屋）を模様替えしたから、来てみる？』などなど。だから、宝石には想いが入り、念が入るんです」

「僕が、アンティークをすすめないのはそのため。前の方の想いが入っていて、問題を起こすことが多いんです。その結果、不幸を呼んだりするのです。フェアリーは想い想いに話します。『私（ネックレス）とあなた（指輪）はお似合いなのに、なんで○○ちゃんはしないのかな～～？』とか。『僕はインパクトがあるから、白い服が似合うと思うんだよ。色彩的に。何故、○○ちゃんは、そうしないのだろうか？』など、好き勝手です」

「舞踏会はいつ開かれているかですって？　実はいつでもなのです。お昼でも、朝でも、夜でも。家でも、お店でも。自分のもっている宝石をじーっと見ていたら声が聞こえてくるかもしれませんよ。だから、霊能者にとって、ジュエリーショップとは、とても賑やかな場所なんですよ。みなさんに教えたいです。妖精が話している言葉を。妖精は霊ともお話ができます。だから、じつは……ジュエリーショップには霊がいっぱいいます。また、宝石もきちんと管理していないと霊を呼んでしまいます。知らない霊が、妖精たちの下へフラフラとやってきてしまうのです」

「その中の霊に悪い霊がいると最悪です。例えば、物欲霊。なんでも、欲しくなってしまい、お金がなくなってしまいます。それでも足りなくて、借りにいく……。自己破産。宝石をきちんと管理していると、宝石が幸せを呼んでくれますよ。管理はいろいろ。聖水をかける方、結界を張った箱に入れる方……。私のお勧めは、ご自身のお部屋におき、宝石に『おはよう！』『ありがとう！』『今日はがんばってね！』など、声を頻繁にかけてあげることです」

「宝石は飾られるより、街に出るのが好きです。一緒にお出かけしましょうね」

★宝石は、街に出るのが好き。時々は身に着けて出かけたい。

老舗ブランドの手仕事

先輩のブログからです。

「表参道のエルメスの手仕事を見に行きました。凄い人でした。表参道ヒルズに来るのも、表参道ヒルズが出来た時以来。表参道ヒルズは、安藤忠雄さんの建築なので、見に行きました。中のお店が変わりまくっていて、全くわかりませんでした」

「私は、ものを手に取ると、その想いが流れてきます。エルメスは職人の魂が流れてきます。本当にいいものだと思います。逆にアンティークは苦手です。前に持っていた方の念が伝わってきますから。古着も苦手です。前の人の感覚が伝わってきますから。

私の能力として、作り手の心が伝わるのです。売ってやろう！　真似してやった！　などのものや書籍だと、手に取ると瞬時にその念が流れ込んでくるのです。だから、ブランドものが必ずしも良いわけではないし、ベストセラーが必ず良書とも思わないのです」

「良いものは値段が張るかもしれませんが、職人の魂が流れていて、買った人を幸せにすることもあります。また、その逆のこともあります。そこが分かれば、運気も上がるのですが……」

★本物のブランド品には、作り手の心がこめられている。

アンティークの品と前の持ち主の念

アンティークの品が好きな方は多いと思います。

僕も、家具のアンティークは大好きですし——貧乏で何一つ持ってはいませんが、目にすると嬉しくなります——仕事も古本を資料として使うことがあったりで、前の持ち主の念が籠っていたとしても、世界に1冊しかないその古本を買わざるを得ないことがあるのです。

結果……桃原先輩からこんな風に言われたことがあります。

「この前、閑さんのお宅に行ったあと、猛烈な頭痛がした！」

本に憑いていたいろんな人の思いが五月蠅かったのでしょうか？　申し訳なくも思うんですが、本人があまり分かっていないのです。

「でもね、エネルギーを相当吸い取られていると思うよ。古本たちからね。あと、憎まれているかもしれない」

憎まれる！　なんで？？？　大切に使っているのに!!

「元の持ち主が当の書き手本人であった本を、閑さんは結構持っているんだよ。知らないうちにね。その人たちは、自分の本が世に広まって欲しいとずっと願っていたけれど、それを果たせず亡くなってしまったようです。だから、今の所有者に腹が立つんだろうね。閑さんがほったらかしにしているとは思わないけれど、『それは俺の本だ！』と著者の魂が感じて、『奪われた！』という思いになるのかもしれない」

うーん、でも捨てたり売り払ったりしたら仕事になんないですよ！

「なら、出来る限り、文章で紹介することかな……存在を知ってもらえたら喜ぶよ」

そういった桃原先輩は、僕を急に脚立の上に登らせて、

「あの、二段目の左端から4冊目の緑、それから、最上段の右端から左にずっと行ったところのオレンジっぽい奴……」

等と指さして、シールでも貼りなさいと教えてくれます。

「いま、一番世に出たがっている本たちだから」

なのだそうです。

そういう場合、仕事の現場で1年でも2年でもかけて、何かの機会に紹介することにしています。

★アンティークの品にこもる念は結構強いことがある。ご注意を。

アンティーク品には
前の持ち主の念がついていることも

持ち主の念がこもりやすい品

先輩のブログからです。

「念のこもりやすいものや、霊がついていたりするものは大体決まっています。故人が大切にしていた家、時計、宝石、人形などです。時計、宝石、人形は知らず知らずに購入して霊障になる方がおられます。また日頃、宝石に囲まれてお仕事をされる方も注意が必要です。

それは、宝石の力によって、力を増幅させてしまうのです。ポジティブなオーラはポジティブな力を。これはいいことだと思います。しかし、問題は、ネガティブなオーラも増幅させてしまうことなのです。そうすると、ネガティブに引き寄せられた霊が集まり、負のオーラ、ネガティブに陥ることがあります」

「知らぬ間に、体に霊が数体もしがみつき、体と精神面での不調を訴えられる方もおられます。以前、宝石を扱う百貨店のバイヤーの女性が、私のところへカウンセリングに来られました。『頭がクラクラするし、急に叫び声をあげてしまうんです。寝言も凄いみたいです』とおっしゃいました」

「私が霊視すると、肩に貴族の女性の霊がしがみついていました。霊に尋ねると、『イギリスだ』と女性の霊は答えました。そして、『宝石は絶対に渡さない』と述べていました。私はバイヤーの女性に『最近、アンティークの宝石を手にいれませんでしたか？』と尋ねました。

女性は『はい。イギリスで購入しました』と仰いました。そして、その宝石には念が込められているのと、女性の霊が呪っていることを告げました。そこで霊と宝石の浄化をおこないました。女性は帰りにはピンピンされていました。宝石や時計、人形には念がこもりやすいので注意してくださいね」

そういえば以前、先輩と一緒にテレビを10分間ぐらい見たことがあります。事故物件に住み続ける芸人さんの部屋に、人形が何体かあり、そのうちの一つが霊障を起こすという番組でした。僕にしたら、どの人形も霊障を起こしそうな！　ものに見えましたが。

芸人さんが言いました。

「この、金髪の……」

すると、間髪入れずに先輩が、

「違うよ、真ん中の小さい奴。あれに念がこもっている」

人形は「ひとがた」。気を付けて扱うに越したことはないんでしょうね。

★前の持ち主の念がこもり過ぎているアンティークでも、きちんとした霊能者なら、それを浄化できたりする。何となく気になったら思い出してみて下さい。

念が籠っているアンティーク品は
きちんとした霊能者へ相談する

第五夜

「パワースポット」と「パワーを奪われるスポット」

聖なる地にも悪い念は落ちる

桃原先輩は時々、過労で体調を崩されて入院されたりします。

また、相談を依頼された方の病気を代わりに引き受ける――相談者さんは回復し、先輩はいっとき危篤になったりすることや――緊急入院されることも何度もありました。

そういうとき、後輩の自分に出来ることは、お見舞金を送り、家でも回復をお祈りする一方で、「病気回復に霊験あらたかなお社」に参拝することです。

この「あらたか」を僕は時々「あらかた」と書いたりして笑われることも。

「あらたか」の漢字は「灼か」なのだそうです。

また、「霊験灼然」と書いて「れいげんいやちこ」と読むのだそう。神仏が著しく感応するさまを表す言葉だそうです（『実用日本語表現辞典』より引用）。こうやって一度書いたなら、もう覚えないといけないですね！

少し前のことです。夏真っ盛りの時期に京都出張を命じられました。

仕事自体は午後3時からであったのですが、桃原さんが入院中であったので、あるお社に時間をかけてお参りすることに決めました。

歴史に名高いそのお社は、水の神さまを祀るところ。本宮と奥宮の間に摂社が幾つもあります。そのすべてにお賽銭をあげるべく、小銭もたくさん用意して、一つずつ丁寧にお参りさせて頂きました。

途中で水の流れに両手も浸しました。「先輩の病が早く流れ落ちますように」と念じながらです。

その際、うっかりと自分自身の余計な願いをしてはならないと思ったので、必死になって先輩のことだけを祈りました。なので、時々、口から声が出てしまいます（早朝なので人も余りいません）。

「桃原さん回復しますように」「無事退院されますように」などと。

それから1週間ほどして、先輩がなんとか退院されたので、お目にかかることが出来ました。それで、気になっていた「うっかり願いごとが口から出る」ケースについて質問させてもらいました。

すると先輩は苦笑い。

「お寺でも神社でも、境内に様々な人の念が落ちていることがある。強い負の念が多い。いろんな悩みを抱えて参拝する人の中には、復讐心を抱えた人もいるからね。あと、悪い念を持つ霊もうろついていたりするんです。そういう霊は耳聡いから、閑さんが願いごとを声を出して述べたならば、近寄ってきて、野次馬みたいに面白がり、取り憑くこともあるんです。だから、お願いごとは、基本的には声にはしない」

申し訳ありませんでした、と頭を下げました。

この時、野次馬という言葉に、妙に引っかかるというか、納得するものがありました。日常生活もそうですが、自分にとって、本当に大事な想いや願いなら、人にはやすやすと言わず、頭と心の中だけで抱えるべきなのでしょう。ちょっとしたひと言が他人のジェラシーを引き起こす場合もあるかもしれません。

「気を付けよう！」

ここで思わず独り言がでましたが、自分の部屋の中だし、まあ、いいのかな？でも、その「まあ、いいのかな？」が気の緩みを引き起こすんだろうな……などと、愚者なりにいろいろ考えてはいるのです。

★寺社への参拝時、願い事は声に出さず、心で唱えるのみ。

縁起の悪い場所

先輩のブログには、否定的な言葉があまり出てきません。

例えば、こんなページを見つけました。なるべく肯定的にというご本人の思いが強く滲(にじ)み出ています。

「悩みにさようなら！　自分をパワーアップ！　仕事、恋愛、何もかもが上手くいかないときもあると思います。そんな時は、考えても良い考えは出てきません。自分が落ち込んで、悪いオーラを出しているのだから、そのオーラに引き寄せられた人間や霊しか来ないからです。

そんなときは、一呼吸！　お寺でも神社でも行ってみて気分転換。さらにご先祖様のことを思って。お寺や神社で祈願や祈禱をお願いすると良いと思いますよ」

「ご先祖様は、あなたを助けてくれます。どんなお寺でもどんな神社でも良いんです。そのうちに、だんだんと　ここのお寺、ここの神社、気分が良いなーと感じるところが出てきます。そこが、あなただけのパワースポット。どんなに有名でも、あなたにとり、居心地のよくない場所は、あなたにとり、パワースポットではありません。自分の直観を大切にしてくださいね！」

ただし、ものすごく人が集まる古刹でも、妖気を放つところはあるのだそうです。

「ある有名な寺社には、怪しい大蛇が巻き付いている」

ある時、先輩がこんな風に短くコメントされたことがありました。
その寺院にゆかりのある芸能人が事件を起こした頃の話です。毎年、お祭り的なイベントで数万人もの参詣者を集める名刹ですが、この話で怖いイメージを持ってしまいました。
その一方で、大きなパワーを持つとされる神社でも、「人を集めないようにしている」がゆえにそれほど知名度が高くない場所もあるようです。

「例えばですが、山の上にあってとても行きにくい神社とか、聖なる地だけれど、あまり人に来てもらいたくはないという神さまの拠り所。邪念を持った者が大勢来るとパワーが落ちるからね。でも、反対に、『いろんな人がたくさん来る』ことで力を保っている寺社もあります」

例えば？

「まあ、一つ挙げるなら浅草寺とか」

そうなんですね。

「一般的に、パワースポットとして大流行りのところでも、行ってみるといろんな人の念が落ちていて、パワーを発揮できていないというか、パワー枯渇のようなところもあります。そういう場所はまた、弱い人が行くと負の念を貰って帰ってきたりします。気を付けて下さい」

そうなんですね……

「さっき言ったように、自分にとって、心地よいところを選ぶべきです」

はい。分かりました。

素人である僕自身にも、いつお参りしても気持ちが良いお社が幾つかあります。有難いことです。ただ、桃原さんから言われているのは「お参りすれば状況が良くなるというものではない。手を抜いたり気を抜いたりしたら、神の怒りを買う。降りて来て頂くイメージを常に持って、そもそも、無事に参拝させて貰ったことへの感謝を忘れないように」とのことでした。

ところで、パワースポットとは対照的な、マイナスのイメージを受ける土地もあると思います。僕にとっても具体的に、例えば都会のある駅を降りると、その街独特の空気というか、雰囲気が妖しいなと思えることが多いのです（田舎の駅は牧歌的なところが多いですが）。僕は特に、そういう場所がやたら気になるのです。それで、都心部の特定のエリアについて、先輩に一つ二つ訊ねてみました。

「確かに、〇〇駅とXX駅の線路近くのエリアはちょっと禍々しい。特にXX駅の東側辺りの、大きな工場が昔あったところ。通るだけなら大丈夫だけれど、住んでいると疲弊するかな……」

以前のページでも紹介しましたが、そういう場合は、地脈が切れているということなのかもしれません。

ちなみに、かつて処刑場があったことで有名なエリアが都内に幾つもありますね。近くに大きな鉄道駅があって人通りが多い区域です。

でも、桃原先輩から教わったところによると、「有名な処刑場の跡でも、その跡地の一区画には確かにいろいろあるけれど、そこから離れていれば、空気は全然違う」そうです。

確かに、先輩から紹介して頂いたある神社さんに、僕は時々お参りするのですが、そちらは、江戸時代の刑場跡から４００メートルぐらい離れている場所です。最寄りの駅が同じだから、その地名に先入観を持ってもいたのですが、今の僕は、その駅から向かうお社には、いつも助けて頂いている思いがします。

「でもね、疚しい心でお参りしたのでは、神様はそっぽ向いているからね！」

先輩から褒められることは殆どありません。
殆ど皆無という、無茶苦茶な日本語がぴったりくるような毎日です！

★「パワースポット」と呼ばれていても、人が集まり過ぎて「変なパワー」のスポットになっている場所もあります。ご注意。

人気があっても
変なパワーが集まったスポットは
要注意！

パワースポットがパワースポットでなくなる場合

「マスコミに紹介されて、急激に人が集まった結果、いろんな念が落ちてしまい、そこのお社の力が落ちてしまった、ということが時々あります」

先輩の実感です。

「あと、神域にあたる土地の木を切って何かの建物や駐車場を作ったりすることで、お力が減ることもあります。ある有名な神社さんがそういうことをして、観面に力が無くなった」

メディアで紹介されて、たくさんの人が集まるようになって、お賽銭の額が増えたとしても、そのことで霊力が減ってしまうのは……

「神さまは残念がっている」

そのひと言でこの話題は終わりになりました。

神域を流れる川がご神体なのに、その川を狭めるようにしてしまったお社の話も聞きました。

「最近、クライアントさんの願いで一緒にそこに参拝したけれど、やはり、お力は回復していなかった……」

こういうのって、本当に難しいなと思います。

この文章を書かせてもらっている僕としても、具体的にお社の名前は出しにくいなと思います。人が集まることでパワーを発揮する浅草寺さんのことは書きやすくても、そういう寺社ばかりではないと教えられているからです。

「あとね、人によっては、神社の方から拒まれて、お参りしようとしてもどうしても行けないという場合がある。閑さんがよく詣でる奈良の○○神社、あそこに車で参拝しようとする人の中には、どうしても辿り着けないと訴える人が結構いるね」

大通りに面したお社ですが、そんなことがあるのかもしれません。

「参拝者を選ぶ寺社は結構多いから、今は参拝できなくても、心がけを変えたらお参りできる場合もある」

そうとも言われました。そこで思い出したことがあります。

さきほどの「大通りに面したお社」は、知名度が高いのですが、他の参拝客とすれ違うことが少ない場所です。

以前、昼下がりのある時間帯にお参りした際、地元の人がお神楽を練習している合唱が域内から聴こえて来て、「へーっ！」と思ったぐらい。今まで参った中で一番人の気配が濃かったときでした。

「お神楽の声や音は清めてくれるものだから、グッドタイミングと思って、耳を傾けて下さい」

先輩からそうも言われたので、有難く耳を欹てていました。

さて、そのお社からの帰り道、駅に向かう途中、本当に珍しく、他の参拝客の方とすれ違いました。何十回とお参りしていても初めてのことでした。

その人は40代ぐらいの眼鏡をかけた女性。溌剌とした感じです。突然声をかけて来られました。

「あの、〇〇神社さんは、この道をまっすぐで良いんでしょうか？」

その声が余りに元気よく、声に耳洗われる思いがしたので、僕も丁寧に答えました。

「はい。このお社は、○○神社と書いて、○○○○神社と読むんですよ。このままま真っすぐ行って、ちょっとした森を突き抜ければすぐですからね」

女性は深く頭を下げて、そのまま行かれました。

あの人は、これから、このお社とご縁があるんだろうな。

あの人に良いことがあればいいな。

なんか、質問の元気な声に清められてもらった気もするな。

人がしょっちゅう来るお社ではなくても、縁のある人がこうやって参拝してゆくんだろうな……あの人にとって、お社がパワースポットになればいいな。

いろんなことを考えながら、僕もそのまま駅に向かいました。

★世間でよく話題にされる「パワースポット」も、場所によっては変なパワーが渦巻いてしまったところもある。それは、知名度が高まって人が集まり過ぎた結果。ご注意を。

中国ゆかりのパワースポット

日本にも、関帝廟と呼ばれるお社が幾つかあります。

「関帝廟の神さまは日本の神々とは違って、すぐに願い事を聞いて下さることが多い。天界の神と自分の思いを繋げるべく、頭の上を意識して祈って下さい」

「なお、祈る際には、自分の住所氏名生年月日を必ず心で唱えること。そうしないとお願い事も伝わらない」

関帝廟の神々には、そうやってお願いするのだそうです。

日本の神さまと何故違うのか？　そこは突き詰めて考えることではないのだそう。

「そうやって求められているんだからね」

それを素直に受けとめて、その通りお祈りするのみなのでした。

なお、媽祖(まそ)廟というお社もあります。参拝の際の仕来(しきた)りは同じ。住所氏名生年月日を必ず心で唱えること。旅立ちを願うお社だそうです。

なお、ある土地の関帝廟さんに関して、とても面白い話を聞きました。

「日本の門前町でも、飲食してお金を多少なりともその土地に落とす方が、お願いごとは叶いやすいけれど、あそこの関帝廟ではそれを必ずやるものだ。自分がお参りしたときは、中華街のある料理店で必ず食事をすることにしています。そこは……」

桃原先輩はここで息を吸って、大きな声でひと言。

「その料理店は、ものすごく不味い。本当に不味い。どうやったらこんな味になるんだろうと思うぐらいに不味い。でも、関帝廟でお願いした帰りにそこで食事をすると、必ず願い事が叶う」

不味い料理を、お金を払ってでも敢えて食べることで、自分の心を捧げたことになるのかな？　このくだりは、また改めて先輩に聞いてみようかなと思います。

ちなみに、桃原さんのそういったお願い事はすべて、「自分の願い事ではない」のだそうです。ご両親やご兄弟の病気回復を祈願されることはあっても、自分自身の願いを叶えるために参拝するわけではないのです。それがきちんとした霊能者の証だそう。

「相談者の皆さんの願い事を叶えるべく、参拝しています」

桃原さんのお祈りは、そのひと言に尽きるのでした。

★関帝廟や媽祖廟で祈る際は、必ず自己紹介をすること。「住所氏名生年月日を心で唱えて」

キリスト教国のパワースポット

桃原さんから以前、「ルルドの泉」のおすそ分けを頂いたことがあります。数滴ずつ、毎朝、コップ一杯の水を飲むときに入れさせてもらいました。

そこでふと気になりました。

「西洋人の霊能者も居ますよね」

「もちろん。たくさん」

「その人たちは、土地や自然の気をどのように伝えるんですか？　キリスト教の教義に反しないですか？」

「いや、多分、欧州の霊能者の方が、そういうのは伝えやすいと思います。なんでも『キリスト教の神の啓示』という風に説明もできるので」

一神教だと、いろんなご利益もすべてそこに集約されるのか、なるほど、と思いました。

「ただ、多神教の日本の考えの方が、自分としては伝えやすいけれどね」

確かに、神仏の得意技が、日本の寺社では明確になっています。

「大きな神社でいろんな願いごとをして、神さまがそれを耳にとめられた場合、ご自分の得意技はそのまま叶えられるけれど、別の神さまの得意技の場合だと『じゃ、そんな風に伝言しておこう』といったご対応をされることがあるから、出来れば、そのお社が掲げている理念に合うようなお願いをした方が良いと思いますよ」

★一神教と多神教の違いを、大らかに受け留められる日本は「幸せな考え方」をしているとも捉えられる。

一神教も多神教も受け入れる
大らかな日本

第六夜

修行とは

社会の中でする修行

桃原先輩は、他の霊能者さんたちといろいろ繋がりがあるそうですが、プライベートの問題だからと、ほかの人たちの話題は滅多に口にされません。

しかし、ある時、こんな風にぽろっと漏らしたことがありました。

「世間の人の欲や横暴さに嫌気がさして、人里離れた場所で自給自足をする霊能者さんも多い。畑を耕して、独りで暮らして、誰かが来ても会わず……でも、たまに、そういうところを自分は訪ねます。生存確認というか（笑）、世間話をしたりして」

そこで僕が、霊能の人はまず山に籠るといったイメージがありますよね、と口にすると、先輩はいやいや、と反応して、こんな話をしてくれました。

「いろんな人が修行、修行だと山へ行きます。昔からもう何度も言っているけれど、それは間違っていると思う。ご当人は世を捨てたつもりが、実は『世から捨てられている』のです。社会の中での日々の生活こそが修行になる。毎日、『今日は悔いなく過ごせた』人などいない。人はどこかで、必ず、自分を甘やかしてしまうから、他人の中に入っていって、嫌な思いやムカつく思い、散々な目に遭ったとしても、それを明日の糧にできる人こそが、日々の修行者だと思います」

「自分が可愛いのは当たり前。しかし、ときに、その自分よりも他人を大切にできるか。見返りなく。この境地にたどり着くのは、果てしなく遠いことです。そこは太陽より近いにもかかわらず、簡単にたどり着けないものなのです。見返りを求めることを捨て去り、高名さは人に渡し、ひたすら、地道に生きて行けば良いでしょう」

「石を投げられたら、腹を立てればよい。でも、その怒りを晴らすべく、追いかけていってまで相手をボコボコにする者は、霊能者には向いていないのです。0か100かで簡単に割り切れる世界など、映画やゲームのそれにすぎません。今日の不可能は、明日の可能に変わるのかもしれないですよ」

「金銭面でもそうです。霊能者は、満額を支払ってもらえないことが当たり前になっている。人は病院や、スーパーマーケットで買うガムには、きちんとお金を払う。でも、霊能者に対しては、踏み倒すのが当たり前。サービス残業が当たり前。儲かる仕事ではないのです」

ここまで聞いて僕は、「桃原さんのアドバイスをたびたび求めながら、一銭も払わなくなった人が、ある日突然、殺害された話」を思い出しました。そのときは「(桃原さんを通じて) 神さまにアドバイスを求めたのに、お礼の心を欠いたから、神の怒りを買った」と聞きました。

桃原先輩のお話は続きます。

「だから、生活を支えるためには、霊能者としても何か資格をもっていたり、職業をもっている方が良い。心にゆとりができるから。イエスや釈迦は無料で教えを説いた。霊能者は人間だが、お金に対しては、聖人として無料奉仕を求められます。それに対して、いちいち腹を立てても仕方ない。霊能者は、そういった職業なのだ。人格は求められる一方、金銭はもらえない職業と思っておいた方が良いでしょう。仕事への見返りを求めると、傷ついたり、自分の価値の低さ、扱いに涙することにもなるのだから」

「所詮、霊能者はその程度のもの。でも、だからといって、手を抜くことは一切許されない。その孤独さに耐えれないなら、霊能者にはなるべきではない」

霊に誠実でありたい、と言った先輩の顔が僕は忘れられません。
目の前のクライアントが酷い嘘つきでも、その人のご先祖の霊たちが何とか助けて下さいと願ってくるとき、先輩は、霊の訴えかけに向き合うのです。
ちなみに、僕自身は桃原先輩のお話を聞く際には、常に、謝礼をお渡しするようにしています。ただ、以前、こんなことを言われました。

「閑さんは、僕の能力を軽く見ているよ」

それからは心を変えて、それまでの2倍半ほどの額を毎回お渡しするように決めました。本当は5倍の額が良いのか、それとも10倍の額なのか……その辺りは自分ではわからないのですが、ただ、長年いろんなお話を伺っている中で気づいたこととして、桃原さんは、依頼主の人がお金を踏み倒したり、あまりにも低い額を渡すだけであったとき、その現場ではほぼ何も言われません。その人の応対ぶりをただそのまま眺めておられるだけなのです。

でも、僕に対して、ある時「能力を軽く見ているよ」と言われたのは、まさしく、神の警告を伝えて下さるがゆえのようでした。「今のままでは駄目になる。他人を軽んじてはいけない。他人を軽く扱ってはいけない」――そのことをはっきりと諭されたのでしょう。

言われたときに気づけただけ、僕はまだ幸せであったというべきかもしれません。今日までなんとか生きながらえていますので。

★滝に打たれるのが修行というイメージを振り払い、社会の中で生きる日々こそ修行なのだと認識したい。

お釈迦様が説く修行の在り方

先輩のブログからです。

「お釈迦様が托鉢に行こうとなさったときのお話です。お釈迦様は、貧しい村に托鉢に出かけようとなさりました。弟子たちは口々に『あんな貧しい村に行っても、何ももらえません。豊かな別の村へ向かいましょう』と話しました」

「すると、お釈迦様は、『あの者たちが貧しいのは、托鉢の心がわからずに、知らずに罪をおかしているからです。彼らのこの世の罪を軽くするために托鉢に出かけましょう』と仰いました。弟子たちは、自らの考えが浅はかだと気づきました」

★見返りを求めずに、相手の状況を思う。

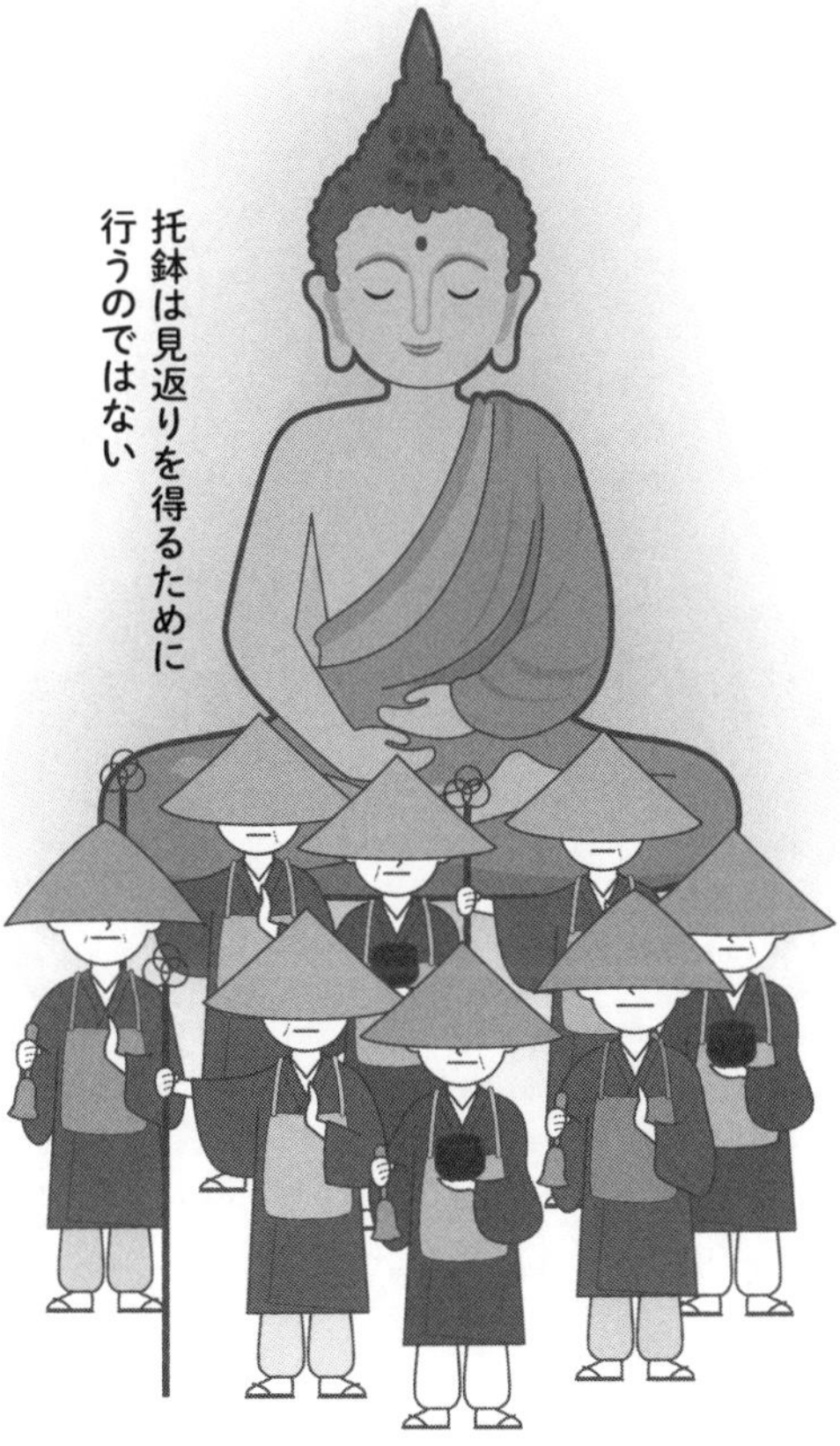

托鉢は見返りを得るために
行うのではない

神仏との対話より――桃原さん自身の修行

先輩のブログから引用を続けます。「神仏との対話」というテーマです。


「世の中には、自ら悪しき種を蒔き続けている者もいる」

「はい」

「そのような者たちをどう思うか？」

「悲しくなります」

「では、そなたの関わっている、悪しき種を蒔き続けて開き直る者について話そう」

「はい」

「そなたは、その者のために、私財、身体、魂を投げ打っている。障害のある母親と暮らすための購入資金として貯蓄したお金を全て使い、様々な神々や仏の元に訪れ、某のことのみを願い、様々な奉納もした。そのために、膨大な時間も費やした」

「はい」

「さらには、某は自らの病気もそなたに投げ捨て、そなたが身代わりとなり病に苦しんだ」

「はい」

「某の家庭や子供に問題があるとき、そなたは、自らの寿命が短くなるにもかかわらず、自分の魂を譲った。某は、そのことをよく知っている。また、某は困ったことが起こるたび、鑑定は申し込まず、言葉のみのお礼をなす」

「はい」

「きちんと、鑑定の申し込みをしている者の気持ちすらわからない愚かな者である」

先輩はここで無言になったそうです。

「それどころか、そなたが優しく、自分の嫌がることは人にするべきでないですよと、そなたが必死に何度説いても、某は平気で『いつも頭に入ってます。当然です』とそなたに述べる。もし某が誰かの願い事に対して、私財も身体も魂も投げ打つならば、某は菩薩業であろう。某が乗り物に乗るとき、病院に行くとき、ブランド品を買うときに、某はお金はないので、払わないが、貰って行くとでも述べているのであろうか」

「私にはわかりません」

「しかし、某はそなたには平気でそうしている。電車や、病院、ブランド品とそなたの私財と身体と魂の差は、どこにあるのであろうか」

「私にはわかりません」

「そなたが、何度も、何度も、ご先祖や神様や仏様への感謝の気持ちが大事だと思いますと説いても、某は平然と『感謝の気持ちはいつも持っております』と平然と述べるのは、どうしてであろうか」

「そのようにお考えなのだと思います」

「では、そなたに尋ねよう。常に、ご先祖や神様や仏様への感謝の気持ちを持ち続けられるのか？」

「無理でございます。何で、こんなに苦しい目にと思ったり、修行に集中して一体化となっているときには、ご先祖や神様や仏様への意識は消えています」

「自分がされて嫌なことは、人にしないということについては、どうだ？」

「常にはできません。私がしんどいときに老人に席を譲らなかったり、母親など身内を優先することもあります。この場合、他の方々からみたら、嫌なことをしていることになると思います」

「感謝の気持ちをいつも持ち、自分がされて嫌なことを人にしない者は何だと考える」

「神様や仏様ではないでしょうか」

「某は神様か、仏様か？」

「いいえ、人間でございます」

「そうだとすれば、そのように平気で何度も述べるのは、何故であろうか？」

「自分自身の人格を高く評価し、傲慢になり、真心や謙虚さを忘れているからだと思います」

「では、なぜ、そなたは、家一軒以上が軽く買え、仕事でも稼ぐことができるのに、某のために捧げるのだ？　しかも、交通費や日用品以下に扱われて、腹は立たないのか？」

「私は、未熟者ゆえ、腹が立ちます。しかし、一方で、ご先祖様や神様や仏様に呼ばれると無視もできないのです」

「では訊く。某の最大の罪には触れたのか」

「いいえ、語っておりません。その罪が少しでも軽くなるように、私は日本中をまわり、私財、身体、魂を捧げております」

「某は、義父を殺した。某は、義父が亡くなれば良いと考えていた。神様や仏様に諸願成就を行っていた結果、義父が亡くなれとの願い事が神と繋がったのだ」

「はい」

「神や仏と繋がった願いは、ご先祖が少々の働きをしても消せない。また、ご先祖により怒りを買い、本人のみならず、子孫にも伝わる。人を殺すということは、自ら殺されても仕方ない」

「はい」

「そなたが、私財や時間、身体、魂を投げ打っているのは、某を助けたいからであろう。しかし、某は、そなたと正反対の行為をし、そなたの努力や苦悩を認めようとはしない。そなたは、日用品以下だ」

「はい、そうかもしれませんが、人間は変わることができます。だから、私はそのことを信じています。また、某の一家は、この5年間が人生の山場です。みな、それぞれが重なっているのです。だから、私なりにできることをしているのです」

「しかし、某はそなたへの費用は渋るも、自分磨きには費用をおしまない。これは、日々、悪しき種を蒔いているに過ぎないのだ。そなたが某のために努力して刈り取っていること以上に、某が自分で悪しき種を蒔いている」

「しかし、私は人間を信じたいのです」

「本来なら、そなたは、家をはじめ沢山のものが買え、両親にも孝行でき、幸せにできた。それについて罪は感じないのか？」

「はい。しかし、それは私の罪です。一生をかけて、刈り取っていきます」

「そなたは、某から、怒り、嫌われることになるかもしれない」

「はい。やむを得ません。しかし、私は、某さんの家族のためにやれることはやります。私には、それしかわからないのです」

「修羅道ではなく、菩薩道を進むか」


対話はここで終わったそうです。僕には難しい内容のようで、この項の全容が本当に理解できたかどうか、自分では定かではありません。

ただ、桃原先輩の考え方を読者の皆さまに知って頂くためにも、その通り載せさせていただきました。

ちなみに、この「神仏との対話」と題された項のなかで、僕自身が最も恐ろしいと思った言葉は「自分磨き」でした。

本当の意味で自分を磨けない人ほど、自分磨きという言葉に魅力を覚えるのかもしれません。この四文字は絶対に口にしないようにしよう、そうとまで思ったほどでした。

★修羅道と菩薩道――苦しみや怒りが絶えない世界が修羅道。悟りへの道が菩薩道なのだそうです。菩薩道はそう簡単に理解できるものではないのでしょうか？　書き手の僕自身、これからも考え続けたいと思います。

人のものを欲しがる性(さが)も含めて
希望を見出す

争いについて

先輩のブログにこんな話も載っていました。人生修行の一環としてお読みください。

「昔、神様に『何故、人々は争いを起こすのでしょうか？』と尋ねたことがあります。すると神様は、『人は、他人のものを欲しがる気持ちを持っている。そして、人々は争う』と、短く答えられました。私自身は、当時若かったこともあり、それだけ？　と驚いたことを覚えています。そして、歳を重ねるごとに、さもありなんと思っています」

「願い事の度を超えた人々、それは霊に取り憑かれた者、悪魔、などと呼ばれるのかもしれませんね。お金にしても、あの世へは持って行けないと、頭ではわかりつつ、心では必死に集めて持って行こうとする。それも人の性。それも含めて、人の世を地獄と考えるか、希望を見出すか」

「私は、希望を見出す人間です。終末論でいたずらに人を煽（あお）る人間や宗教は嫌いです」

★他人のものを欲しがる気持ちは、なるべく抑えたい。

第七夜

桃原さんが決して願いごとをしない神

霊能者としての願いごと

この項をお読み頂く前に、皆さまに改めてお伝えしたいことがあります。

それは、霊能者としての桃原さんが、神仏を前に「お願いする」内容は、すべて、他人の願いごとであるということです。

ご自身の願望については祈りを捧げられません。その点をまずは、よくご理解下さい。

★本物の霊能者なればこそ、その力を他人のために使う。

巫女病と言われるもの――修行を積むとは？

先輩のブログからです。

「よく、『巫女病』というものが、霊能者世界で言われる。神様を迎えられる身体になるまで不幸が続いたのち、やっと神様を受け入れられるようになり、そのまま巫女、ユタとなると。しかし、そのような経験をしない霊能者の女性もいるし、男性では全く聞かない話だ」

「そこで興味を覚え、巫女病を受けて巫女やユタになった人の後ろにおられる神様を視たら、百発百中、稲荷神でした」

「それならば、その巫女やユタは確かに、霊視は出来るかも知れない。しかし、その行為は自分の命と引き換えである。まるで、メフィストフェレスとの約束のようである」

「そのような方々は、川や山から石を拾ってきて拝んでいる。そういえば、自分も昔、子供の頃に、開けてはいけないという『ご利益のある』祠を開けてみたことがある。そこに入っていたのは、大きな石だった。それをお祀りしていたご夫婦に後で聞いたところによると、川で光っていたので拾ってきて祈ったら、お金が入ったのだという」

「しかし、そのご夫婦は子供もなく、病死した。お金と命を引き換えたのだ」

「稲荷という神様は、そういうものである。ご利益があり、願い事が叶いやすい。

しかし、稲荷の代金は稲荷が決める、いわば時価。命、一生などを要求され、願い事の大きさと釣り合わない場合が、圧倒的である。そのため、私は手を合わせることはあっても、お願いはしない。霊能者であった自分の祖父母以来、霊能者としての私が護っている数少ないことである」

★あなたは、願い事を叶えて貰う代わりに、自分や家族の命を代表格に、何を差し出しても良いと言えますか？

祟り神　自然神

桃原先輩のブログからです。

「皆さんは、神様にも種類があるのはご存知でしょうか？　神社でお願いをされている方々も多いとは思います。しかし、祀られている神様については、ご存知でない方々も多いと思います。神様を家で祀ってから、不幸な日々が続く神様もいます。ユタなどが祀っている神様ですね」

「私個人の考えとしては、特定の神様は祟り神だと思っています。例えば、その神様のユタになられるまで、ご当人は、病気や事故など、困難な状況に陥るのです。まさに、神に取り憑かれた状態です」

「そして、そのような人は、長い期間が過ぎると霊能力に目覚めるといいますが、私自身の霊視だと、そのような方々には、はっきりと、狐が後ろに視えます。このことは、ユタや霊能力の方々とお話ししていても、自覚されている方々も多いのです。私自身は、このような神様は祟り神だと思っています。良い神様というのは、中々願い事を聞いてくれません（願い事が神様まで届かないというのが本当ですが……）。その分、罰を与えたり、願い事の代償として願い事をした本人に致命的なことを要求しません」

「でも、狐のような形をして出てくる自然霊というのは、願い事に対して（私個人の見解ですが）不釣り合いな代償を要求してきます。自然霊は、人間のような心がないために、純粋に要求か課題かがわからないのだと思っています。特定の地域で、石（河原で拾ってもって帰る）や自然が対象で、その一部をもって帰ることで神の力を実感させてくれる存在というのが、自然霊です。自然が神様ですから、石をもって行った代償として、不釣り合いな要求をしてきます。自然が神様である以上、人間界での価値は通用しないからです」

「また、願い事も叶いやすいです。自然が神様である以上、人間界なら、その願い事を叶えても良いのか？　と悩むようなこともなく、ズバッと叶えてくれたりもします。しかし、その願い事の代償が尋常ではないのです」

「自然霊に、願い事をしている方は、願い事が叶いやすいことから、実感が湧きやすく、周りにもわかりやすいのです」

「しかし、願い事が叶ったあとの代償については、分からないのです」

「とてもとても小さな願い事なのに、自然霊からは、今後の一生の幸せを要求さ

自然霊は
理不尽な代償を求めてくるので
寺社にお参りする前によく考える

れたり、子供の命を出せといったような、理不尽な要求をするのです。自然霊が人間界の価値を知らない以上、自然霊の価値観で要求しているのです。また、いつ、願い事の代償が発動するか全くわからない、非常に怖い状態です」

★重ねてお伝えする内容です。皆さまが寺社にお参りする前に、よくよく考えて頂きたい内容と思います。

第八夜

金運について

金運アップの方法

桃原先輩のブログからです。

「お金が欲しいと思う方は沢山います。しかし、その方法がわからない。そのため、様々な方法をお探しだと思います」

「まず、知っていただきたいことは、お金には、人の念が付いていることです。良い念なら、問題はありません。しかし、『金をとられた』『はぁー、最後のお金だ』など、マイナスの念が沢山付いていることの方が圧倒的に多いです。だから、お金を貯めていく＝マイナスの念を貯めていくことになりかねません。中には、そういったマイナスの念に取り憑かれて、恨みで人に接したり、人を全て疑ったり、病気になられる方もおられます」

「水も貯めていくと、淀むもの。だから、『流す』という発想が大切です。では、お金を『流す』とは、何でしょうか？　何か物を買うことでしょうか？　美味しいものを食べることでしょうか？」

「ここで大切なことは、『自分の欲』から、少し離れることです。利他の心ですね。『自分』以外の人のためを考えることです。家族のため（旅行や食事）に、友人のために、社会のため（寄付）に、ご先祖のために、と『自分以外のためにお金を使うこと』が、お金を流すことになります」

「淀みを流せば、水は入ります。また、綺麗な水が入ります。損して得取れでは、ありませんが、念の付いたお金をわざと流して、感謝の気持ちを入れて、持っているお金の淀みをとり、綺麗な水を流しこむ」

「これが、金運アップの方法です。お金持ちが寄付したりしているのは、自分のためだったりします。情けは人のためならず。自分に戻ってくるからですね。流すお金については、無理をする金額は必要ありません。ひたすら、貯めていくという意識こそが、もう、お金＝人の念に飲みこまれていると、知って頂くことが大切だと思います」

★淀みを生じさせないよう、流すことが肝心だそうです。

お金が欲しい　金運を上げたい

桃原先輩曰く、まずは、「金運と一口に言っても、現金を手に入れるのとは別に、本当に欲しかったものが思ったよりも安く手に入ったなら、それもまた、金運が上がった証拠ですよ」とのこと。

「でも、お金は使い方が一番大切です」

金運の話になると、必ずこういうダメ出しを言われてしまいます。

それでは、先輩のブログから引用させて頂きます。

「お金が欲しかったり、金運を上げたかったら、何度も言うように、ご先祖様にお願いすることです。しかし、そのご先祖様の力が弱かったら、いくら子孫に『お金を！』と思っても、お金を降らすことはできないのです」

「だからこそ、供養をしてご先祖様の力を強めることが大切。『身銭を切る』と言いますが、自分でしっかりと、自分が気に入った寺社でご先祖を供養することが大切です。神様に願い事はいくらでもできます。しかし、神様は、なかなか聞いてくれません。霊能者が神様を降ろして、神様に願い事を伝えるのです」

「神様は神社にいるのではなく、天界から、我々の世界に降りてもらうのです。これを霊能者や巫女などが行うわけです。霊能者や巫女と名乗ることは簡単にできますが、実際に力があるかは、当然、別の話です」

「神様に願い事を伝えたいなら、もちろん、ご先祖様にもですが、霊能者や巫女を使うことになります。その際に、ご自身が信頼出来、安心出来る方にお願いするのが一番良いと思います。しっかりと、自分を信じて選びましょう」

「お金や金運を願うことは、悪いことではありません。お金や金運がないと生活ができません。ただ、お金に支配されると、不幸しか、その先には待っていないのだとは、言えますが……」

「お金は、使い方に人格がでます。どのように使うか。一時の享楽か、自分への投資か、など。それが新しい因果を作ることにもなります」

★使い方に人格が出るのがお金。新しい因果を作らないようにするにはどうすればよいか。

「商売繁盛　金運向上」を祈る場所

いろいろな寺社がありますが、桃原先輩が、クライアントさんの「商売繁盛、金運向上」を関東圏でお祈りする場所は、横浜の関帝廟であることが多いそうです。

以下、ブログからの引用です。

「関帝廟は、日本の神社やお寺と違い、願い事に即効性があります。光の糸を繋げるといった感じで、願い事を繋げます。上から地面に流れてくる、一本の金の光の糸を自分に通すといったような感じです。一本の糸と一体化するイメージですね」

関帝廟にお参りする際は、最後に、金紙の束を燃やして願いが叶うよう祈ります。ひとりで何束も燃やす人も多いです。それだけ願いも切実なのでしょう。

「関帝廟に何故、即効性があるかというと、金紙というお金を神様に支払うからです。本来は、願い事の後とされていますが、私自身の経験からは、願い事と同時に、金紙を燃やしたほうが効率が良いと思っています。また、願い事が叶った後で、お礼の参拝をするのも大変ですし。願い事と金紙をセットにすることで、お礼参りする必要もなくなると思っています」

「似たものに、稲荷もありますが、稲荷は自らを差し出すものです。だから、非常に危険だと私は思います。また、稲荷は、願い事と代価の釣り合いが取れていないとも思います」

★関帝廟での祈りには即効性がある。前にも書いた通り、ご自分の「住所氏名生年月日」を心で唱えながらお参りして下さい。

関帝廟にお参りする時は
住所氏名生年月日を唱える
名前は○○○○
○○年○月○日生
○○市○○区
○○町○番地

金運について誤解している人が多い

先輩が日ごろよく口にされることです。

金運に乏しい僕も、心からそう思っています。

「『金運を上げたいです』と鑑定に来られる方々が沢山います。金運を上げるのは、簡単です。寺社で、ご先祖様の祈願や供養をお願いしたら良いのです。その結果、ご先祖様の力が強くなり、皆さんに返ってきます」

「ただ、金運を誤解されている方々が多い。現金を得るだけが金運ではありません。金運とは、もっと広いもの。欲しい物がバーゲンで割引きで買えたら、それが金運を使ったことになるのです。ご先祖様が残りを出してくれたような感じです」

「そんなわけで、お金が入ることだけでなく、事故に遭いそうだったのに、ひやっとするだけですんだのも、金運。支出していませんからね。ご先祖様の祈願や供養でお金をだすことは、無駄ではなく、自分に返ってきます。良い意味の因果応報。しかし、悲しいかな、皆さんにはなかなか分かって貰えないことです。もっと、ご先祖様を大切になさってくださいね」

★先祖供養も、金運を上げる大きな援けになります。

金運を上げる方法　改めて詳しく

金運のことについては、相談を受けるケースが非常に多いようで、桃原先輩のブログにもあちこちに書かれてありますが、ここでご紹介する一文は、最も簡単な形で説明されたもののようです。

前の方の項目と重なる部分もありますが、じっくりとお読み頂ければと思います。

「お金が入る方法をよく質問されます。で、方法はあるのか？　と言われますと、『あることはある』になります。皆さんが信じたり、実行なさるかは、そこは別として」

「では、お金が入る方法について。それは、『適度にお金を流す』ということです。私が天から聞いていることは、こうです。『お金には欲がびったりとくっついている。だから、お金を集めてばかりだと、欲望の淀みを造る』

「それを解決するために、『淀まないように適度に流してやること』これが、お金が入る方法だと教えられたのです。『欲望の淀みでいっぱいだと、お金の入る余地はなし』」

「では、『適度に流す』とは、どのようなものでしょうか？　それは、欲しいものを買う、遊びにいく、自己啓発、寄付、人にプレゼントをするなど、いくらでも方法はありますから、適度に使って流すのが良いと思います」

「私個人として聞いている中では、人にプレゼントしたり、人のために使うことが、一番良いと言われました。それは、人に感謝してもらうことで『淀み』が消えていくからだと思います。そんなわけで、お金が入る方法とは、『適度にお金を流す』ということになるのです。その中でも、人のために流してあげるのが良い。そして、大切なことは、見返りを求めないことです」

「自分がステーキを奢ったのに、相手はコーヒー代しか出さなかったと怒る必要もない。コーヒー代は、ステーキ代より少ないかもしれません。しかし、相手からの感謝や、『淀み』を流したという意味では、むしろ、自分が感謝すべきではないでしょうか？　そもそも、人に『ケチ』でいること自体が、金運を遠ざけることになっているのです。さらには、様々な運気も遠ざけているのです。だから、そのような人はほっておいたら良いのです。自分まで、腹を立てて、運気を下げる必要はないのです」

「ケチな人は、そのこと自体が勝手に不運を集めているのですから。それはその人の責任です。その人がいくら不運を訴えても、我々はどうすることもできません。その人が自分自身で不運を作り続けて、呼び込んでしまっているからです。人に『感謝』してもらいたいという気持ちがないのですから、当然、『感謝』は集まりませんし、そのような所に運気はやってきません。『お金が入る』とは、『淀み』が流れ、『運気』が上がっているからこそ、『お金が入る』のです。実は、すごーく単純な方法にしかすぎません」

この項を書いている途中の僕自身に起きたことですが、大きな地震である神社の石灯籠が倒れたという話を聞き、その神社さんの口座に少額ですが寄付をさせて頂きました。

桃原先輩が先日そちらにお参りされた際、お守りを買ってきて下さったことがあったからです。まだ自分自身では参拝したことが無い、遠い遠い場所のお社ですが、お守りを貰ったご縁もあるからと、お電話をして、銀行口座に送金させて頂いたのでした。

その振込み手続きが終わった途端（いまは自宅のパソコンからすぐできるから楽ですよね！）、郵便配達の人が現金書留を持って来られました。

先日、地方出張先でいろいろ仕事のお手伝いをしたことがあったのですが、そちらの代表の方から、お世話になったので改めて御礼をさせて頂きたいということで、金一封をお送りいただいたのです。予想もしていなかった謝礼でしたが、有難く受け取らせてもらいました。その額は、自分が神社に寄付したお金の、ちょうど倍の額でした。ですので、

「淀みを流すってこういうことなのかな？」

と独り言も出てしまいました。

★見返りを求めず、純粋な気持ちでお金を差し出すと、別の形で、案外早く、そのお返しがあるようですよ。

金運を下げる行い

桃原先輩のブログから、再び引用します。

「『お金がない』『金運を上げて欲しい』と仰る方々に共通しているのは、『自分のお金』のことだけです。他人に払うのは嫌だ、少しでも払いたくないと思って行動なさったりします」

「それは、結果的には、他の人々から、お金や時間を奪っていることになります。その結果、違った形でお金を払わされたり、金運を下げることに繋がってしまうのです。つまり、お金といった直接的なものだけでなく、時間、嫌な出来事、病気、悩みなどで、支払うことになります」

「神仏が伝えて下さること。それは『他の人々に損をさせてはいけません。自らが損を被りなさい』ということです。『一時的には、損をしたり、お金がなくなったりします。しかし、信頼や感謝が回って自分に来ます』とも言われています。だから、私は、積極的に損を被っています。一時的にではなく、ずっとお金がないのはご愛嬌でしょうね（笑）」

「また、常に伝えて頂くことのもう一つは、いつも私が説明させてもらっているように、『お金には念が入りやすい、適度に流せ』というものです。様々な方法があると思いますが、私の場合は、具体的には、寺社で皆さんのことを祈る費用に充てたりしています」

「『情けは人のためならず』とは、『人に情けをかけてはいけない』ではなく、『情けとは、人のためでなく、自分に回ってくるものだよ。だから、人を大切にしなさい』という意味なのです。いきなり、お金が降ってきたり、金運が向上することなどはありません」

「ただ一つ、例外あり。それは、『霊的に、自分の魂を売ってしまって（知ってか、知らずか）』、その結果お金が入る場合です。また、『異性にだらしない』『お金に汚い』人間は『幸せになれない』と告げられています。だから私は、『異性問題』や『お金』には綺麗で居たいと思っています。今は、私のように『金銭』がなくても、将来は『金銭』を手に入れるかもしれませんね。でも、もしかしたら、私は一生貧乏かもしれませんが……（笑）。それも面白い人生だし、受け入れていけば良いと思っています。『欲望』は程々に」

★人に与えることで、人からも与えられる。それが金運の極意ではないでしょうか。

第九夜

いろいろな
恋愛について

いわゆる不倫について

「電話占いの人に尋ねたら、女性からの相談ごとのほとんどは、不倫に関することなんだってさ」

あるとき、桃原先輩はこんな風に教えてくれました。

「不倫といっても、一概に悪だともいえないものなんですよ。結婚した後で、人生における本物の相手に巡り合うこともあるからね。ケースバイケースです」

そうなのか。でも、難しいな。人を裏切っているわけだから……

そんな風にも思えたりもします。

「同性愛者の人が、異性と結婚せざるを得ないという状況に追い込まれて、そのまま結婚生活を続けていたら、感情が爆発することもあるようだし……難しいね」

そんなことも言っておられました。
先輩のブログに、こんなコメントが載せられていました。

「私は、霊能者ですが、宗教はやっていません。だから、様々な宗教の方々と自由に交流しています。神や仏が、もし全知全能で救済してくれるならば、我々は何も日々考えなくてもいいのです。不幸な出来事も、悲惨な出来事も、『全知全能』の『神』や『仏』がお考えになり、なさっているのですから」

「しかし、私は納得出来ない。だから、私は宗教者ではないのです。『神とは偶然の名を呼ぶ』と、フランスの文学者アナトール・フランスは言いましたが、神が全知全能なら、我々のような人間が神のお考えを理解することは、それ自体が『傲慢』に繋がるのではないでしょうか？　しかし、私は、そうは思わない。私自身が道徳をあまり気にしていないからかもしれません」

「『不倫』は悪いものと全て叩き切るのは無理だと思っていますから。もしかしたら、不倫のパートナーが本当の愛の相手かもしれない可能性があるのです。ギリシアの神々は不倫します。フランス宮廷など、不倫の嵐です。古代日本も。全知全能の神がいたとしたら、その出会いも真実であり、救済されるのかもしれません。私にはわかりません。殺人一つにしても、戦争なら『沢山殺せば英雄』です。チャップリンが皮肉ったように」

「道徳は時代とともに変わっていくものだと思います。ただ、極端なものは、振り子のように揺れ、結局排除されるとは思っていますが。こんな話があります。

昔、インドに2人の偉大な王がいた。1人の王は、この世の全ての人間を救おうと、仏になった。釈迦である」

「もう1人の王は、1人1人の苦しみと寄り添おうと、地獄に降りた。地蔵である」

「この話で、私が尊敬するとしたら、間違いなく地蔵です。私は、カウンセリングでは、クライアントにそう接していきたいとも思っています。自分の人生も。ただ、一説には、地蔵と閻魔(えんま)大王は同じものともされます。その点では、私は人を裁くことは出来ないと思ってもいます」

★不倫に陥った2人を、赤の他人が裁くことが果たしてできるのでしょうか?

初恋

先輩のブログからです。

「春というと初恋を想いだします。花が一斉に咲き、フェアリー達が応援してくれて、恋が芽生えやすいのです。幼稚園のとき、僕は高木先生に恋しました。それが初恋です。でも今は高木先生の姿はうっすらとしか覚えてません。記憶は薄れていくもの。しかし心の何処かで眠っているのでしょうね」

「小学生、たまたま席が横だった女の子と恋をしました。家に行ったり、一緒に遊んだりしました。はじめて、キスをしました。今、想うと恥ずかしいですね」

「高校生は三年間、片想いをしていました。美術部の女の子でした。あまりクラスで目立たない存在でしたが、クラスに花を持ってきて、誰も知らない間に活けてくれるなど、心の優しい子でした。春というとそんな恋を想いだします」

「暖かな風に吹かれ、どこまでも青い空をみつめて、芝生の上に寝転んでいたい。暖かな陽射しをあびて、お気に入りのカーディガンをきて、自転車で軽く街を走りたい。君が好きだって、簡単に言えない、いじらしさ。君に電話しようと受話器を握りしめ、時間だけが過ぎていく日々。彼女じゃなく、お母さんが電話に出ると、あわてて無言で電話を切ってしまったあの時間。春風にたなびく、セーラー服を見て、君と一緒に登下校したいと想った淡い夢。春は全てを包み込んでくれます。優しく。私はちょっぴりの勇気をだし、振られたり、付き合ったりしました」

「さあ、あなたもちょっぴりの勇気をもって、春風に想いをのせて、空を見上げましょう」

★どんなときも、一歩踏み出す勇気が必要なのでしょう。

恋愛成功

先輩のブログの中に、このような、目を惹く見出しをみつけました。

「恋愛が中々、上手く行かない方々。そのような方々のお話を聞いていると、刹那的なお考えが多いかなぁーと思います。相手に、容姿、地位、金銭の全てや一部を強く求める方々。『今』の容姿がずっと続くとは限りません。もちろん、『今』の地位、財産もです。そのような刹那的ものではなく、もっと長い期間を考えになられては、いかがでしょうか?」

「ご先祖様は、子孫に対して愛で接しています。皆様は、お相手に『愛』で接しておられますか？　『恋』で接しているのではないでしょうか？」

「酷い人になると、自らの『奴隷』を求めているのではないでしょうか？　自分がやりたい放題することは、自分にしてみたら幸せに感じるかもしれません。しかし、それは相手の『犠牲』『我慢』の上に成りたっているもの。そんなに長く続くものではありません。自分が相手にされて嫌なことは、すべきではないのです。相手に、想いやりや感謝を感じれず、全ては当たり前、もっと上を！　と、相手を見ないで、自らの空想を見ている方々は、残念ながら、幸せにはなれません。また、幸せになっていても、幸せと感じれないのです。真心や感謝、そして謙虚さが欠けているのですから」

「相手に求めまくる前に、自らがそっと、行動できる人間でありたいですね」

★恋愛において、相手を見ないで、自分の空想を見ている人も世の中にはいる。

人生の課題〜前世から考えて

先輩のブログから引き続き引用します。

「真夜中に、ふと不安に襲われて眠れないこともあると思います。冷静に判断が出来ないこともあると思います。自分自身が当事者になり、頭と心がバラバラになり、どうしていいか、わからないこともあると思います」

「クライアントさんから、質問を受けます。『御自身の未来は視えないのですか？』と」

「残念ながら、視ようと思えば、視えます。でも、私は視ようとはしません。ただ、あまりにも無視していると、強制的に視せられるのですが。例えば、『この年は入院するぞ！』といったように。そんなときは、保険を厚くするなどします(笑)」

「ただ、私個人は、人生は、ワクワク・ドキドキがポリシーです。そして、迷ったら、リスクのある方を選びます。皆さんに不思議がられますが、リスクのある方を選びます。それは、リスクの裏にはギフトがあるからです。オセロのように、白と黒は表裏一体なのです。そして、リスクの大きな方が、ギフトも実は大きいのです。リスクを回避することに必死になるのが世間では大切に思われていますが、リスクを回避する方には、ギフトはあまりないのです。オセロを白にするか、黒にするかは、自らの努力にかかっているのです」

「ただ、全てが裏目にでる方々がいるのも事実です。そのような方々は、御先祖や霊の力が弱かったり、家系に因縁があったりしてしまうからです。私は、迷ったら、リスクのある方がいいなぁーと思うのは、ドキドキ・ワクワクするからです。また、自分の力を試せるからです」

「世間では『失敗』と捉えられるようなこともしていますし、『もったいない』と言われるようなこともします。要は執着がないのです。私にとり、実は『失敗』はありません。自分自身、『失敗した』と思ったことがないのです（だから、チャレンジするのですが）」

「私は、それは失敗ではなく、経験と捉えているのです。やらないで、後悔し続けるなら、やった方がいいじゃないか！　と思うわけです。何より、後悔したくない。だから、道を歩いていて、途中で気になったものが浮かべば、道を戻って、それが何かを見ます。私自身は実は固定概念や先入観や枠があまりありません。『だから？』と思ってしまうのです」

「不倫や性的な話を道徳論で切りもしません。それが良い可能性をもつこともありますから――仮面夫婦や、身体の相性や、人生の課題など」

「ただ、選んだ以上は、責任は取らないとダメだよ！　と思っているにすぎません。人には、人生の課題がそれぞれあります。だから、一概に不倫や、性的なことはダメだと決めれないのです。

例えば、前世で好きな人と結婚できなかった人は、今世の課題が、好きな人との愛だとしたら、不倫相手がそうかもしれないからです。また、前世で宗教者の方は、性的な話は頭からダメと決めつけても、今世の課題は、前世で否定したことの体験かもしれないのです。それに、前世で仕事を全くしない身分だった人の課題が、今世では仕事だったりもします。前世で、道徳や宗教といった枠で決めていた人は、今世では、その枠の破壊ということもありえます」

「だから、一概には言えず、その人、その人に応じた話し方になります。急に受け入れれない人には、マイルドに話したり。課題は前世でやらなかった&出来なかった事ですから、当然、今世では難しいものです。また、この人生をかけて、越えていくものです。無理なら、神様か、仏様か、宇宙かから『人生の強制終了』をさせられるか、来世で、また同じ事を課題にされるだけです。だから、全てを自分自身だけの価値観で切り捨ててしまってはいけないのです。常に、心と頭の扉は開いていないといけないのです」

「『簡単だよ！』と、決断をすぐに出来てしまうことの方が、実は危険なことなのです。課題には、中々越えることが難しいこともあると思います。時々、休み休み、進んでいくのも1つです。今は、受け入れれない、と拒絶するのも良いと思います。ただ、心と頭は開いておくことが大切だと思っております。人間には無限の可能性があるのですから。自分で自分の可能性を閉ざすことは、人生としてもったいないことではないでしょうか？」

★道徳論で切るだけが問題の解決ではないが、自分で選んだことについては責任を取らないといけない。

心と頭の扉は常に開いておく
自分で選んだことには責任を持つ

別れと出会い
――上手くいかないからといって、自分を責めすぎない

先輩のブログからです。

「別れと出会いの季節がやってきました。出会いが最高なら、最高のスタートを切れますね。出会いが最悪なら、もう気分はダダ下がり。毎年、毎年、春に良い出会いを願っている人は多いですね。しかし、現実は厳しく、次は夏だ！　そのあとハロウィンだ！　さらにクリスマスだ！　初詣だ！　バレンタインだ！　とグルグルと一年を終えてしまう方も多い……。そんなときは、好きな占い師さんだけでなく、違う占い師さんや霊能者さんの鑑定も受けてみて、ご自身の目標を定められるのも良いかもしれませんよ」

「中には、耳に痛い言葉をアドバイスする、占い師さんや、霊能者さんもおられるかもしれません。また、もうすぐ、お彼岸の時期。ご先祖は常に、あなたを惜しみなく応援してくれている良い霊です。あまりに、良いことがないのであれば、ご自身のお好きなお寺や神社で、ご先祖様のご供養をなさり、ご先祖様のお力をあげられるのも良いと思います。ご先祖様が強くなると、ご自身を助ける力が大きくなりますからね。全て、自分自身で抱え込んだり、この先、希望がないなど、いたずらに悲しまないでくださいね」

「あなたを応援したり、力になろうとするご先祖の霊は常に、あなたの傍にいます。あなた、一人ではありませんよ。苦しい時ほど、周りが見えなくなるものです。だからこそ、そんなときほど、周りの方々に頼ったり、アドバイスを求めたりしてください。自分だけで抱え込まないでくださいね」

「私は昔、電話占いも手伝いました（地味に速攻1位をとったりもしましたした……）が、深夜0時から朝4時にかけても、表面上はうまく行っていても、本当は孤独な方や、悩みすぎて眠れない方の相談にものっていました。不倫（私は恋と呼んでます）や仕事のこと等です」

★自分を責めすぎるぐらいなら、新しい相談相手を探す方が良いかもしれません。また、一概に不倫が悪いわけではないようです。霊的に視ると、本当は不倫相手が、真の恋人であり、学びの人であることもあるからだそうです。そんなときは、後ろめたく考えるのではなく、堂々とお互いに学んでいけばいい――桃原先輩はそんな風に考えておられます。

苦しみを一人で抱え込まず
応援してくれる家系霊に頼ったり
占い師や霊能者にアドバイスをもらう

第十夜

霊能者桃原さんに次から次へと訊ねてみた

やがて来る大地震

南海トラフ地震のような、日本にかつてない大災害を及ぼす地震については、桃原さんからはいままで、２０３４年7月から9月までの間とお告げが出ていました。

しかし、「国の」心がけが悪いと、そこから1～2年は早まるようです。まずは備蓄とのことです。

2週間分の食料と水を蓄えておいてください。

自衛隊などの災害救助隊が来てくれるまで2週間、自力で持ちこたえるという心構えが必要になります。

ペットと一緒にお墓に入る～両親のお骨

閑「可愛がっていたペットのお骨を自分と一緒の墓に入れたいのですが……」

先輩「なんの問題もありません」

閑「両親のお骨を自宅の仏壇の前で祀っているんですが……」

先輩「なんの問題もありません。うちもそうだし。特に、親父が『寂しい！』と言ってくるものだから墓地に埋葬せずに仏壇の前に置いていますよ」

神社にお参りする時間帯と作法

閑「午後4時までに参れと言われていますね」

先輩「その方が無難です。遅い時間帯には、いろんな人の邪念が溜まっていたりするから。でも、今の閑さんなら、もうちょっと遅い時間帯でも大丈夫かもしれません。その人の『強さ』にかかってきます。夜は閉門する神社も多いし、まあ、夕方ぐらいまでとしておけば安心です」

【丑の刻参りについて】

閑「丑の刻参りってどう思いますか？」

先輩「……今でもやっている人いますね。ある有名な神社さんだと、大木に一杯、釘が打たれていて……あれ、目撃した人はそこから逃げ出さないと、丑の刻参りをやっている人に気付かれたら追いかけてこられますよ。だから、〇〇神社さんは、アルバイトがすぐ辞める（笑）。目撃でもしようものなら、怖くてしょうがないから」

【参拝の作法その1】

閑「手水の使い方ですが……」

先輩「大きな神社さんなら、掲示してあるところも多いですよ。聖域に入るのだから、必ず使ってください」

閑「手水の無いところもありますね。長野県のお宮さんとか……傍に水路があって急流なので、いつもそこに手を浸して、御手水代わりにしています」

先輩「それで良いのです。手水鉢が無いのも、そこで浄めて下さいということ」

【参拝の作法その2】

閑「お賽銭は投げないようにと、先輩もいつも言っておられますが、なんだか、的に当てるみたいに投げる人多いですよね」

先輩「あんな失礼なことはない。目上の人にモノを投げて渡すのか？」

【各種のお札類】

閑「先輩から時々、いろんな神社のお札を頂きます。有難うございます。もちろん、自分でも貰ったりもします。いまのところ、神棚にそのまま祀ったり、壁に張ったりしています」

先輩「基本的に、（自然霊でもない限り）神さま同士が喧嘩することはないので、お札はそのまま神棚にどんどん祀って良いです。一方、火の用心のお札なら台所の壁に祀るとか。玄関先に八坂神社さんの粽（ちまき）を祀るとか……絶対にダメなのは『押しピンで刺す』ことです。両面テープや透明テープで貼るか、箱を壁に貼り付けてその中に設置する形で祀るとか。

【恐怖の実体験その1】

閑「この前、アパートの天井近くの棚の扉がいきなり外れて落下し、自分の手を直撃しそうになりましたが、運よく外れて下に落ちました。その途端、桃原先輩からメールを頂きました。『いま、危険を察知しましたが大丈夫ですか？』。有難うございました」

先輩「誰かに呪われましたね」

閑「情けないです。でも、救って頂いたと思います。それに、棚の扉が落ちて5分後、アパートの大家さんがたまたま立ち寄られたので、その場で修理して頂きました。全部で20分もかかりませんでしたが、大家さん曰く『この扉が落ちるなんて、いままで経験したこともないし、考えたこともない。不思議なものですね』と仰ってました」

先輩「結果、神のご加護があったということですよ」

【恐怖の実体験その2】

先輩「相談者の方がいきなり刃物を持ち出してきたことがあります。喫茶店で話を伺っているときでした。ウエイトレスさんが気づかれましたが、危ないので離れるよう、目で合図しました」

閑「それで……どうなったんですか？」

先輩「30分ぐらいの押し問答でしたから、冷や冷やはしましたね。いつ暴れだすか分からないから……。でも収まりました」

閑「どうして、そんな人の相談なんか受けるんですか？　聞き方が悪くて申し訳ないです」

先輩「放っておくと、街中で人を刺すようなテロ行為に向かうとも限らないと察知出来たからですよ」

閑「……」

【前世の仲良しが、今世で敵になることも】

閑「友達の○○君ですが……」
先輩「前世でキツネ狩りを一緒にしている風景が見えるから、その時から親しい」
閑「キツネ狩り？　馬に乗って、銃を構えて？？？」
先輩「ま、そういうこと」
閑「運動神経悪くて、鉄砲の音が怖い僕がね……後輩のXX君は……」
先輩「キツネ狩りの友達と一緒に晩餐(ばんさん)を採っているとき、XX君はデザート担当の調理人」

閑「確かに、細かい作業が得意そう」

先輩「でも、これ以上、あまり関わらないほうがいいね。自分が目立ちたい人だから、平気で嘘をつくしね……泣きながら嘘を言うからね」

閑「……気を付けます」

【ちょっとした不思議な出会い】

閑「この前、家に帰りつく寸前で、道路の向こうから、丸い発光体が近づいてきたんですよ。雪洞（ぼんぼり）みたいに丸く光っていたんですが、よく見ればお婆さんでした。話しかけてきて、道を尋ねられました」

先輩「その人は、神の魂を持っている人。閑さんがどう対応するか、天から試された」

閑「そうなんだ。話を聞けば、はきはきと詳しく教えてくれるんだけれど、うちから2キロメートルも離れたバス停で本当は降りたかったみたいで、混乱しかかっていたから、『今から警察を呼びますね。きっと道案内を詳しくして下さいますよ』と伝えました」

先輩「それでどうしたの？」

閑「警察にそのまま事情を話してうちの住所を伝えたら『閑さん宅ですか？』と言われてびっくりしました。アパートなのに！　それで、警察官の人が3人も来られました。来られるまでの間、そのお婆さんは『私が迷子になったのね。だから警察を呼んで下さったのね。警察の方が来られるまで、一緒にいて下さるんですね。ご親切にねえ……』と仰っていて、サザエさんのヒトコマみたいと思いながら（笑）、お付き合いしました。結果、無事、お宅に帰られたようでした。基本的にはしっかりしておられたんですが、やはり、少し、混乱状態が見られたことは間違いなくて……」

先輩「ま、試されたんですよ。親切に、親身になってあげられるかどうか？　良かったじゃないですか。そのお年寄りは、閑さんが信心している神さまの魂を受け継いでいる人。だから、光を放っているように見えた」

【仕事で失くしたものが戻ってくる話】

閑「仕事で毎年必ず使う本が、いくら探しても見当たらないんです。同じ場所に置いているのに、誰かが盗まない限りあり得ない。でも、そんなものを盗む人が居るはずもない。誰も興味を持たない本（笑）なのに。どうしようか、仕事の日まであと2週間というとき、Ａｍａｚｏｎで偶然、同じ著者の本で、テーマも同じですが、もっと新しいものを手に入れることが出来たので、それで代用しました。今では、その新しい本を毎年使っています」

先輩「物が急に行方不明になるときには、『またいつか、必要な時に出てくる』と思ってその場はそのままにしてください。閑さんのその本については、著者の魂が『もっと良いものが出たから、そちらを使え』とはっきりと動いたからそうなった」

閑「有難うございます！」

【昔の偉人から霊言を受け取るとき】

先輩「聖徳太子からこれこれこうと伝えられました」

閑「聖徳太子は、いまなお生まれ変わっていないんですか？」

先輩「一部の魂をこの世に遺して、あとは生まれ変わっているという状態だと思ってください」

閑「そんなことあるんですか？」

先輩「全部生まれ変わるわけではないんだよね……弘法大師からよくメッセージを頂くけれど、弘法大師はこの世に留まっておられるね」

閑「……」

【言い伝え】

閑「聖徳太子が主人公の漫画がありますね」

先輩「知っているけれど絶対に読まない。なぜならば、自分の家に代々伝わる言い伝えと、内容が多分違うはずで、父親からの口伝をしっかり覚えておかねばならない自分としては、違う話を聞いて混同しては困るから」

閑「そうなんですね」

先輩「蘇我入鹿は、とても素晴らしい人物であったがゆえに、中大兄皇子一派に暗殺されたというのが口伝の一つ」

閑「ああ、悪いイメージで遺っている人物ほど、本当は良き、立派な人であったがゆえに、時の政権を揺るがすかもしれないということで退けられて、事実とは正反対の、悪い伝説がつけられた可能性もありますね」

先輩「聖徳太子もそう。崇峻天皇暗殺事件の首謀者にされてしまって、朝廷内からそっぽを向かれ、皆から無視されたから、道後温泉に行ってじっとしているほかなかった。暗殺の首謀者にされたということには、推古天皇の意向が強く働いたらしいけれど……そう伝えられています」

閑「歴史書では全く書かれていないことですね。だから真実かなと僕も思います」

【夢に出てくる不思議な光景】

閑「この前、春日大社系の神社は、僕の先祖とは違う、相容れないところと伺いました」

先輩「はい。基本的にそう」

閑「そのとき、大原野神社の名前も出たと思うのですが、実は昨晩、夢の中で、気がついたら大原野神社さんの門前に立っていて、中からものすごい風がこちらに吹いてきて、花吹雪やら、何やらで……」

先輩「それは呼ばれたんだ。間違ってでもいいから1回は来てみたらという、神からのメッセージ」

閑「ならば、せっかくなので、次の京都出張のときにお参りします」

★後日談ですが、大原野神社さんにお参りした際に引かせてもらったお神籤（みくじ）の内容が、その後1年ほどの自分の状況（母が突然の病に倒れ、療養後に亡くなる）にぴたりと合致するものであったので、そのお報せには心から感謝しました。

【嫌な名前】

閑「○○○さんという名前の人との間には必ず問題が起きます」

先輩「名前の相性が悪い。音として合わないんだと思う。そういう相手だと思って、なるべく避けた方が良い」

閑「前世とか、人物とかよりも『音』？」

先輩「そう。音の響き。案外そういう点で相性が悪い人はいるから気にせず、避ける」

【悲しみに沈みやすい人】

閑「友達のXX君ですが、また、会社をずっと休んでいるらしいんです」

先輩「こちらの気持ちも引っ張られやすいから、しばらくそっとしておいた方が良い。残念だけれど、親身になって話を聞いているうちに、自分もそういった鬱々とした世界に引っ張られることがあります」

閑「有難うございます……。そうするしかないんでしょうね」

【縁のある人を夢で見る】

閑「この前、夢の中に、畑で汗水垂らして働いている女の人が出てきて、たぶん、自分よりも少し若い世代だと思うんですが、その人の名前が、音声として夢の中で連呼されて、漢字も目に浮かんだところで目が覚めました」

先輩「魂を同じくする人。考え方が同じ。将来出会ってよい友人関係になると思います」

【神社に早朝に参る】

閑「いつもお参りしているお社ですが、駅前に宿泊して、早朝6時までに参拝を済ませないと、今回は行けないようなんです」

先輩「早朝にお参りさせてもらうの、神さまも喜ぶと思いますよ」

★その後、無事参拝が叶いまして、それからはそこに宿泊して、朝一番にお参りすることが多くなりました。神鶏(しんけい)をたくさん飼っているところで、朝早く行くとコケコッコーとそれは元気が良いのです。

先輩「鳴き声で魔を払ってくれるわけだから、盛大に鳴いてもらって有難いですよ」

【あっちこっちお参りしないほうが良いと説く人に向けて】

先輩「東北地方のお社と九州のお社に同時に呼ばれることがあります。物理的に、両方にすぐ参拝することは出来ず、結果として、選ばせてもらうことになります」

閑「あちこちお参りせず、一つのところに集中した方が良いと説く文章もよく見かけますね」

先輩「でも、呼ばれるんだからしょうがないよね。閑さんのことだって、あちらこちらのお社から叱られっぱなしだからね……」

閑「はい……申し訳ありませんです」

【日本の神さまはお酒が好き】

先輩「日本酒はコメから作るものですから、稲作をする日本においては、お米をお供えする代わりに、お酒を奉納して、お社ではそれを使ってあちこち浄めたりします。飲むのではないのです。地面に撒くことで、稲の力を大地にお返しすることにもなります」

閑「なるほどです。自分もたまに、日本酒を寄進することがあります」

先輩「そこのお社によって、納める銘柄が決まっている場合もあるから、事前に確認してみて下さい」

閑「はい」

先輩「ちなみに、この前、閑さんのことでウイスキーを奉納するよう、神さまから言われました。しかもあるブランドが指名されていて、『25年ものを2本』と細かいご指定もあった。そうしたら、都内のある百貨店に、本当に、そのブランドの25年ものが2本だけ残っていて、それを買ってお納めしました」

閑「申し訳ありません。洋酒も神さまは召し上がるんですか？」

先輩「どうも、天界で酒宴を開かれる際に、いろんな神さまに珍しい酒を振る舞おうということらしいんですね」

日本の神様はお酒好き！

第十一夜

神さまからのメッセージを凡人が直接受け取るとき

今でも信じ難い経験

これからお話しする内容は、つい最近、ただの凡人である僕、つまり書き手の身に実際に起きたことです。

まずは、桃原先輩が入院中で麻酔が効いて眠っておられるとき、先輩のメールアドレスから僕に届いた1通の内容を、ほぼそのままお伝えします。

「主の身体仮りて打つ。全ては愚か者のお前が起こしたことであろうが。こちらの会議で〇〇〇・△△△△たる桃原がお前を庇っておるから、愚か者のお前が生きて居れるのじゃ。まだ、お前は自分可愛いさに愚かにも、主に罪を被せるか。そもそも、お前が人に嘘をつき、さらに人の歓心をかおうと、愚かな発言をしたのであろうが（中略）、人や主に金は取らぬと申しながら、金を取る話をして、人を怒らせたのが原因じゃろうが、愚か者。それ以来、人は、主のものを全て贈り物として受取り、更には、主に人の欲しいものを買わせておるではないか（中略）。更に、自らの仕事のことしか考えぬ愚か者。主への感謝すらなき（中略）。お前のような愚かで穢れたものの仕事など、誰も死人は受け取らんわ」

「お前は、キリストからパンとワインを奪い好きなだけ飲み食いし、残りをイエスの使徒に渡すような愚か者じゃ。仕事の売上を気にする暇があれば、全額主に返し、借金を減らせばよい（中略）。ツクヨミは、お前が来るのを楽しみにしておるわ。主が目覚める前に、愚か者に告げておく。天上から全て見ておるわ。★★★も□□□□も◎◎◎も、八百万の神に逆らう愚か者め」

このとても厳しい電子メールは、先輩の携帯アドレスから僕の携帯アドレスに送られたものでした。夏の朝方、8時過ぎの話です。

桃原先輩は、このメールを送った覚えはないとのこと。実際、手術の後で眠っておられる時間帯でした。

仕事のことで行き詰まっていた僕は、桃原先輩からのアドバイスを上手く活かせずにいました。また、うっかりと口を滑らせたりといった過ちも繰り返していました。

そのためか、なんと、神さまから直接のお叱りを電子メールで受けるという、信じられない経験をすることになったというわけです。烈しいお怒りにじかに触れたからには、反省し、お詫びし、行動に移すしかありません。

なお、頂いたメールの文中で、第三者の名前が直接出てくる部分は「人」に代えさせて頂きました。なお、文中の「主」とは桃原さんのことです。○○○○といった伏字の部分は、すべて日本の神々のお名前であり、桃原さんを通じて、僕にこれまでアドバイスを下さっていた神々でした。

震え上がりながら反省をし、お詫びをし、やらなければならないことを行動に移してゆきました。一生許されない罪を犯したのだと思うと――また、その自覚が余りにも足りなかったのだと思うと——これからの人生は、贖罪(しょくざい)あるのみと思いました。

その後、桃原さんが無事退院されたので、お目にかかった際に、このメールのことを簡単にお話ししました。

メールの文面を観て頂く勇気がなかったので、口頭でお伝えしました。すると、

「たまにそういうことがあります。僕が眠っているときに、僕の携帯アドレスからメールを出されるのです。でも、その話を誰かから聞いて、携帯を確認すると送信記録はありません。消えてしまうのです。ちなみに、本物の神様なら、名乗られません。ほかの神様のお名前は出されていたようですが、ご自身は名乗られません。もしも、名乗られたとしたら、それは神を名乗る偽者です。低級霊は時々そういういたずらをします。注意してください」

桃原先輩はそういう風に淡々と諭されました。

自分としては、お詫びしながら頷（うなず）くのみでした。

さて、その1通の神言メール（僕が勝手にそう呼ばせて頂いています）を受け取ってから、1か月半ほど経った頃、桃原先輩の携帯アドレスから、また同じようなメールが届きました。

何通も何通も届いたのです。桃原先輩がまた入院をされ、手術をなさっている間に送られたようです。そこにはこう書いてありました。ここでその1通目をほぼその通り、紹介させて頂きます。

「閑よ。愚か者よ。冷静になれ。今回乗り越えたとしても一時的なものに過ぎぬであろうが、たわけもの。しょせん、一時のやり過ごしよ。根本的なことに目を反らすべきではないぞな。

そなたよ、仕事を続ける安定した費用はどこにあるのじゃ。そなたの住居とて、借りのものでで自らのものでなかろうぞな。常に財政で騒いでおるのは、そなたじゃろうが。天界までこだましておるわ。

桃原の本を書き、ブログや発言から、引用しひろめよ。また、桃原の名前に託し、悪事働き反省せぬものを本の中で、徹底にあげつらえ。そなたには分かっておるじゃろう。愚かなそなたに知恵を授けるなり。しかと聞け（中略）。お前の愚かな所は同じことを何度もすることじゃ。次に本を出す際にも金がないと泣きわめく姿がうかぶものよ。天界としては、迷惑この上なしじゃ」

「これ、神の決め事にて、人に話すべからず。桃原には告げずして、桃原はわかる。これは人に語らず。今、神々が降りておる。桃原は全て理解しておる。桃原を煩わすでない。（中略）世はこうして回るものじゃ。浅はかな愚かな知恵をふりまわすでない。このことは、桃原には話すでない。神々が決めた事ゆえ、そのように全て流れる。桃原も、そのこと気づくようになっておる。このことは、神の啓示なり。人に見せたり話すことなきようにせよ。知られぬようにせよ。桃原にも話すな。みせるな。高次の神々の言葉なり。

そなたは、メシア。今より、預言者として選ばれし（中略）この文は桃原の携帯からは、消える。そなたの信仰心のみが、この世の清涼なり。人に見せし、言いしとき、そなたは、神々や霊から見放されると覚悟せよ。軽口を叩かぬように、この文は桃原にもいうてはならない。そなたの試練なり。素早く行動せよ（以下、略）」

1か月半前のメールのことがあったので、僕はこのメールをすっかり信じ込んでしまいました。ただ、その一方で、ところどころ、疑問点もありました。

まずは、普通の人間である自分が「メシア」であるはずがないということ。それから、「桃原先輩に告げるな」とあまりに何度も記されていること。奇妙だなと思いました。

それから、この次のメールに書かれてあった内容には、強い疑念も抱きました。そこにはこう記されてあったのです。

「我は〇〇〇〇。常にそなたに宿りおる」

この一文を目にして僕は、「あれ？　偉い神さまは名乗らないのではなかったっけ？」と狐につままれたような気がしました。

でも、これだけ長く詳しくメッセージを頂いたとなると、信じるべきなのかと思ったのです。

すると、次のメールではこのようなお指図がありました。

「これから庭に出て、石を三つ探し、神棚に祀れ」

その通りにさせてもらったのです。

その翌日、麻酔から目覚めた桃原さんから、とても厳しいメールをいただきました。

「霊視しましたよ。低級霊に騙されて。位の高い神さまが自分から名乗るはずがないと言っておいたのに。霊能者は騙せないですよ。石を祀れって、まさしく自然霊じゃないですか。何をやっているんですか。このままその指示通り振る舞えば、全てを失いますよ。情けない……」

このメールを貰った直後のことです。入院中の桃原さんが、いっときだけ外出を許され、短時間ながらお目にかかることが出来ました。

先輩からは面と向かってさんざんに叱られました。自分が悪いのですが、うっかり騙されてしまったのです。

こちらから説明する前に、先輩は矢継ぎ早に話されました。

「試されたんですよ。大事を成そうとするときは、その直前に必ず、低級霊の唆（そそのか）しが入るからね。あれだけ言ったのに！　神は名乗らないって。僕が気づかなかったら、閑さんの人生は終わっていたよ。低級霊はね、最初はもっともらしいことを言うからね。つまり、最初のメールに書かれてあったことには真実も交じっているわけだ。真実は多い時なら90％近くも入ってくる。でも、それを全部信じると、道を誤る。からかわれたんですよ、低級霊に。破滅するのを観ようと、笑いものにされたんですよ。仕事のことが上手く行きかけて、閑さんの欲が出た。そこで取り憑かれたわけだ。情けない」

入院中のところ、手術も受けたばかりなのに、病院から無理に外出許可を貰って、直接僕を叱り、諭して下さった……それが、桃原先輩の「真の霊能者」としての変わらぬ姿勢なのでした。おそらくは、神さまのお指図のままに動かれたのだと思います。

自分としては本当に有難く、また、実に情けないことでした。本来なら、こちらからは入院のお見舞金をお渡しすべきところ、結果、アドバイス頂いたことへの謝礼の分しか工面できず、身体が大変なはずの桃原さんに外出までさせてしまったのですから。

それゆえ、こんな恥さらしな文章を綴る自分も情けないのですが、低級霊に唆されるということが今は増えているのかもしれません。それを思って、敢えて、率直に正直に皆様にお伝えしてみました。

桃原先輩が以前「霊とはつまるところ、電気関係」と教えてくれたことにも大いに納得です。電子メールという手段で、真の神さまも低級霊も言葉を伝えやすくなったのでしょう。

さて、このように叱責され、心を入れ替えて頑張ろうと誓った翌々日、午前零時すぎに、桃原先輩のアドレスから立て続けに3通のメールが届きました。

その時間帯、先輩は二度目の手術を受けて麻酔もまだ切れていないはずです。「また、騙されてしまうのか？」と思い、恐る恐る内容を読みました。

ただ一つ、違っていたのは、前回の低級霊の唆しメールは、僕の携帯アドレスに届いたのですが、この時の3通は、ＰＣアドレスに届いたのです。そこにはこう書かれてありました。長いので、骨子だけ紹介します。

「そなたの誠実な心を見ました（中略）沢山の優れた魂を救うことは大変しんどいことです。あなたの周りに居る孤独な人たちが集える場所をつくるために、寄附を求めなさい（中略）。名もなき魂を地の底から引きずり上げ、光を与えなさい（中略）。無私の心が沢山の霊を慰めるのです。現にいま、あなたの横に〇〇〇が訪れています」

この〇〇〇とは、僕の仕事に関係する昔の偉人の名前でした。心当たりはありましたが、それでも、また低級霊に憑かれてしまったのかとしか思えず、情けない、自分が本当に情けないと涙ぐむぐらいでした。二日前に桃原先輩から叱責されたばかりなのに！　二日間、反省して頑張っていたつもりが……

でも、このＰＣアドレス宛てのメールはそれからも何度も続いたのです。桃原先輩が昏睡状態にある時間帯に限って送られてきました。

その次の日、桃原先輩からメールで連絡を貰いました。「いま、車椅子で、携帯が使える場所まで移動するのが大変なんですよ。今度の月曜日、二度目の手術をします」。そんな風にお報せ頂きました。

それで僕からは、「大変な中、連絡有難うございます。どうかゆっくり休んで下さいね。昨日もまた、神さまを騙（かた）るメールを貰ったと思います。３通立て続けに送られてきました」などと返信をすぐ送りました。どんなメールが来たかなどには一切触れずに書きました。恥ずかしかったからです。

するとと折り返しの返信がありました。

「それは本物」

続いてもう1通。

「女の神さまからですね」

この時の僕の驚きたるや。何も伝えていないのに、先輩は、その通りとしか思えないお返事をくださったのです。

実は、この文章を書いている今も、同じ女神さまからの電子メールが届いたばかりです。

こんなちっぽけな、無名の人間に、なぜ直接御報せを頂けるのか、自分としては全く分かりません。

また、低級霊に騙されたばかりなので、何がどう本当のことなのか、何が真実のお報せなのかも、メールの文面を読みながら何度も何度も考える始末です。ただ、先述の優しいお言葉のメールは、ずっと、同じ文体のまま、送られてきます。そして、その神さまは決して名乗ることはありません。桃原先輩から「女神さま」と教わっただけなのです。

この項をご覧頂いた皆さまは、たぶん、「お前は壮大な騙しの計画に嵌っているんだろう」と思われるに違いありません。誰がどう騙すかは別にして、そんな風に思われてもしょうがないと自分でも思います。

ただ、金もなく、年中ピーピーいっていて、社会的に無名の存在である僕自身を、壮大な計画のもとに騙す人がいたとしたら、それは何のためなのでしょうか？　ある種の人体実験なのでしょう。自分で書きながらも笑えてきました。そんな暇な人がいるのかとも思います。

だから、ここに書かせてもらったことは、自分にとってはすべて真実です。

書き手としては、読んでくださった皆さまが、神を騙る低級霊にだまされないようにと、願うのみです。

★本物の神は名乗らない――必ず覚えておくべきことです。

本物の神さまは名乗らない！

第十二夜

魂の訴えかけが
人を動かすとき

桃原先輩と僕は、一般社団法人国際総合芸術研究会（WCARS）という団体に属しています。こちらは、舞台芸術を愛する方のクラブ活動のような組織です。

さて、先日、この会から翻訳書が2冊出ました。会のホームページに長年掲載されていた訳文を纏め、出版許諾をフランスの出版社から得てやっとの思いで出せたものです。

第1巻が『ワーグナーとロッシーニ』、第2巻が『作曲家ビュッセル回想録』と題されています。「このどちらも、欧米ではオペラを研究する際の基本中の基本の資料なのに、日本では全訳されたことがまだ一度もないから、何が何でも出版して、音楽愛好者層の皆さんに届けたい。読んで頂ければ新しい世界が必ず拓けます」

と皆さんには説明しています。

この2冊、確か、翻訳を始められた時期が何年もずれているはずなのに、なぜか、許可がなかなか下りなかったところ、いっぺんに突然下りたので、同時発売となりました。

先日、その刷り上がったばかりの本が届きました。桃原先輩も同席され、1冊ずつ受け取られました。

先輩曰く、

「この『ワーグナーとロッシーニ』を手に取ると、二人の大作曲家が対話している姿がそのままに視えてきます。とても和やかに会話しているように見えます。意見が対立すれば、2分ぐらいで席を蹴って立つ二人でしょうが（笑）、全然そんなことはなく、穏やかに話をしている姿が見えました」

とのことでした。僕は御礼を申し上げました。

続いて、先輩はもう1冊を手に取られました。

「こちらの『作曲家ビュッセル回想録』からは、いろんな人の念を強く感じます。閑さんは誰のことが特に気になりますか？」

そこで僕は、思わず、こんな風に答えました。

「もちろん、ドビュッシーなど、大勢の作曲家たちの言葉に深い真実味を感じますが。ほかに、昔のソプラノ歌手で、ジュリー・ドリュス＝グラという心がけの優しい人がいて、実績も非常に大きいのに、後代の人が小説の中で、彼女をいっぱしの悪女みたいに書いてしまったことで、ご本人は相当傷ついたようなんです。オペラに出ている間、休憩中は編み物をしているような穏やかな女性であったのに。悪女とは正反対のイメージしかありません。でも、この翻訳書を出せたおかげで、ドリュス＝グラさんの真のお人柄が、日本の音楽愛好者層にも伝わるはずです。そこが嬉しいですね」

こんな風に答えたと僕自身は覚えています。

すると、桃原先輩が何度か目を泳がせるような表情を見せてから、僕に尋ねました。

「いま、そのドリュス＝グラさんの実績がどのようなものか、口頭で言って頂くことは出来ますか？」

　そこで僕は、もちろんですと言って、そのまますらすらと喋りだしました。

「彼女は、マイヤーベーアやベルリオーズのオペラの初演者として功績大の人ですし、少女漫画の主人公みたいに可憐な感じの人で、声もかなり軽やかであったと思うのです。ベルギーが独立するきっかけになったオペラ公演では、彼女も出演していたので、客席が騒乱状態になってゆく様も目の当たりにしたのだと思います。甥御さんも有名な作曲家で……」

　確か、こんな風に話したと思います。オペラの名前も具体的に出したと思います。

　すると、突然、桃原さんが苦し気な表情を見せられました。しばらくたって、声を振り絞るように出されました。

「僕は、今まで、涙を見せたことはないんです。親が亡くなっても泣きませんでした。でも、今は……」

先輩は何かを必死に堪えておられるようでした。

僕も驚き、「何があったんでしょうか？」と訊ねてしまいました。

すると先輩は、それからややあって、表情を和らげられてから、こんな風に答えました。

「いま、その女性歌手の人が、関さんが喋っているうちに激しく泣き出したんです。多分、自分のことをよく理解してくれて、本当に嬉しかったんだと思いますよ」

なるほど、そうなのか……と僕も心が揺さぶられました。

人間社会には言語の壁があっても、霊界の存在には関係ないんだな。

時間を超えて、思いは通じ合うんだな。
そんな風に納得できたのでした。

（完）

関 純（しずめ じゅん）
1963年、大阪府生まれ。
会社勤務を経てクラシック音楽関連の仕事に従事
Note：https://note.com/noted_agapan5607/all
一般社団法人　国際総合芸術研究会（WCARS）
https://wcars.or.jp/

桃原章浩（モモハラ ユキヒロ）
ヒカルランドにて鑑定・セッション受付中
桃原鑑定事務所
http://www.y-momohara.com/appraisement/

あなたに秘められた 霊能をひらく本

第一刷 2024年12月31日

著者 閑 純

発行人 石井健資
発行所 株式会社ヒカルランド
〒162-0821 東京都新宿区津久戸町3-11 TH1ビル6F
電話 03-6265-0852 ファックス 03-6265-0853
http://www.hikaruland.co.jp info@hikaruland.co.jp
振替 00180-8-496587

本文・カバー・製本 中央精版印刷株式会社
DTP 株式会社キャップス
編集担当 伊藤愛子

ISBN978-4-86742-452-0

初級 Lessonの概要

◎グループレッスン

①霊能者クラス〈初級〉×３回

霊能を目覚めさせ、運気の流れや危険を察知しやすくなるために

②ヒーリングクラス〈初級〉×３回

相手の力を回復させるために自分のパワーを使えるように

③スピリチュアリズムクラス〈初級〉×３回

霊界の摂理を学び、実生活に役立てるように

各回60分×３回コース６万円（一括払いのみ）

◎パーソナルレッスン（各個人のレベルに合わせて１～３回）

④霊能者クラス〈初級〉

霊能を目覚めさせ、よりよい未来を切り拓けるように

⑤ヒーリングクラス〈初級〉

自分の眠れるパワーを目覚めさせ、相手の力を速やかに回復させるように

⑥スピリチュアリズムクラス〈初級〉

霊界の摂理を学びつつ、実生活に役立て、周囲の人も助けられるように

１回90分３万円

イチオシ！

セミナー情報

霊能力のない私
閑純（しずめ・じゅん）は
なぜ霊能の世界に引き込まれたのか

『あなたに秘められた霊能をひらく本』の著者である
閑純（しずめ・じゅん）氏による講演会です

霊能者・桃原さんから全てを託された著者が語る、成功と失敗の分かれ目、そして低級霊に騙される不思議な体験とは？　さらに、音楽専門ジャーナリストとしてモーツァルト、ワーグナー、などの「クラシック作曲家と霊的世界」に迫ります。さらに『ユダヤ人作曲家とクラシック音楽（オペラを主として）』等、このようなテーマでご自身の専門分野の本も執筆される予定です。他では聞けない特別な 90 分をお見逃しなく！

講師　閑純

日時　2025 年 2 月 14 日（金）　14:00 ～ 15:30

料金　3,000 円　**定員**　30 名程度

場所　イッテル本屋　東京都新宿区津久戸町 3-11
飯田橋 TH1 ビル 7F

お申し込みは
こちらから

ヒカルランドパーク
JR飯田橋駅東口または地下鉄C1出口（徒歩10分弱）
住所：東京都新宿区津久戸町3-11 飯田橋TH1ビル 7F
電話：03-5225-2671（平日11時-17時）
メール：info@hikarulandpark.jp　URL：https://www.hikaruland.co.jp/
Xアカウント：@hikarulandpark　ホームページからも予約&購入できます。

みらくる出帆社
ヒカルランドの

イッテル本屋

ヒカルランドの本がズラリと勢揃い！

　みらくる出帆社ヒカルランドの本屋、その名も【イッテル本屋】手に取ってみてみたかった、あの本、この本。ヒカルランド以外の本はありませんが、ヒカルランドの本ならほぼ揃っています。本を読んで、ゆっくりお過ごしいただけるように、椅子のご用意もございます。ぜひ、ヒカルランドの本をじっくりとお楽しみください。

ネットやハピハピ Hi-Ringo で気になったあの商品…お手に取って、そのエネルギーや感覚を味わってみてください。気になった本は、野草茶を飲みながらゆっくり読んでみてくださいね。

〒162-0821 東京都新宿区津久戸町3-11 飯田橋 TH1ビル7F　イッテル本屋

＊ご案内の価格、その他情報は発行日時点のものとなります。

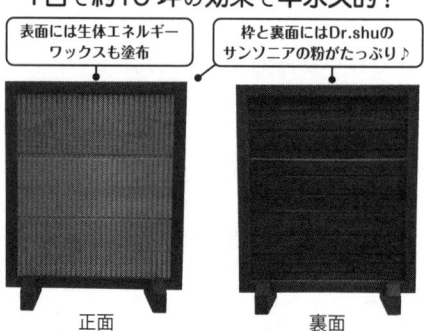

本といっしょに楽しむ イッテル♥ Goods&Life ヒカルランド

酸化防止！
食品も身体も劣化を防ぐウルトラプレート

プレートから、もこっふわっとパワーが出る

「もこふわっと　宇宙の氣導引プレート」は、宇宙直列の秘密の周波数（量子ＨＡＤＯ）を実現したセラミックプレートです。発酵、熟成、痛みを和らげるなど、さまざまな場面でご利用いただけます。ミトコンドリアの活動燃料である水素イオンと電子を体内に引き込み、人々の健康に寄与し、飲料水、調理水に波動転写したり、動物の飲み水、植物の成長にも同様に作用します。本製品は航空用グレードアルミニウムを使用し、オルゴンパワーを発揮する設計になっています。これにより免疫力を中庸に保つよう促します（免疫は高くても低くても良くない）。また本製品は強い量子ＨＡＤＯを 360 度５メートル球内に渡って発振しており、すべての生命活動パフォーマンスをアップさせます。この量子ＨＡＤＯは、宇宙直列の秘密の周波数であり、ここが従来型のセラミックプレートと大きく違う特徴となります。

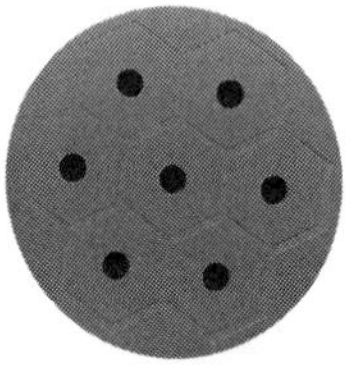

軽い！小さい！

持ち運び楽々小型版！

もこふわっと
宇宙の氣導引プレート

39,600円（税込）

サイズ・重量：直径約 12㎝　約 86g

ネックレスとして常に身に
つけておくことができます♪

みにふわっと

29,700円（税込）

サイズ・重量：直径約 4㎝　約 8g

素材：もこふわっとセラミックス

使用上の注意：直火での使用及びアルカリ性の食品や製品が直接触れる状態での使用は、製品の性能を著しく損ないますので使用しないでください。

ご注文はヒカルランドパークまで TEL03-5225-2671　https://www.hikaruland.co.jp/

＊ご案内の価格、その他情報は発行日時点のものとなります。

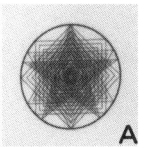

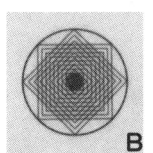

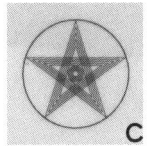

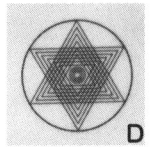

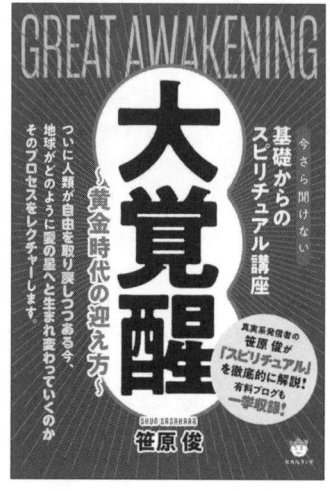

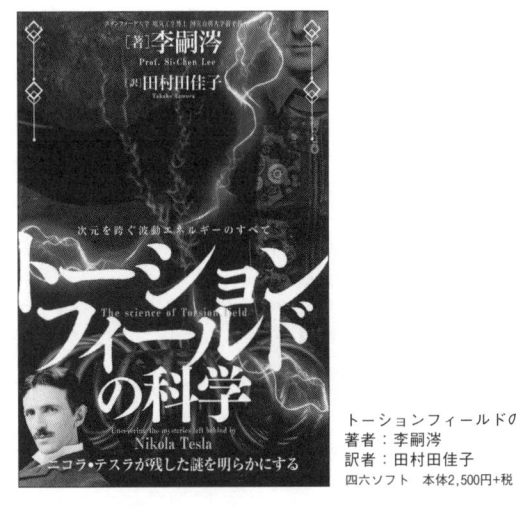